JOANNA ALM

MANIFEST FÜR BESSEREN KAFFEE

INHALT

VORWORT

Für alle, die gerne dunkel gerösteten Kaffee aus der Massenproduktion trinken.

Die Diskussion darüber, ob man industriell hergestellten Kaffee oder Qualitätskaffee kaufen soll, wird häufig auf die Frage nach dem Röstgrad reduziert. Manche mögen dunkel gerösteten Kaffee gerne, denn die Bitterstoffe, die sich beim Rösten bilden, führen dazu, dass man den Kaffee als stark wahrnimmt. Aber ein gewisser Bittergeschmack steckt in jedem Kaffee in Form von Koffein. Ich selbst mag ihn, genauso wie in Tonicwater, in Bitterschokolade und in scharf gebratenen Speisen.

Aber genauso wenig, wie ich ein zu scharf angebratenes Stück Fleisch mag, mag ich keinen Kaffee, der verbrannt schmeckt.

In industriell hergestelltem Kaffee sind nicht geschmackliche Gründe für die kräftige Röstung ausschlaggebend. Vielmehr sollen damit bei der Produktion entstandene Mängel überdeckt werden, die dem Gewinnstreben geschuldet sind. Daher findet man immer schlechte Geschmacksnuancen in solchem Kaffee, ganz egal, wie stark er geröstet wurde.

Der Weltmarktpreis für Rohkaffee sank vor wenigen Jahren unter einen Dollar für 450 Gramm, was weit unter den Produktionskosten für nahezu alle Länder liegt, mit Ausnahme einiger Farmen in Brasilien. Aufgrund des Klimawandels rechnet man damit, dass in naher Zukunft ungefähr die Hälfte der Kaffeeplantagen auf unserer Welt nicht mehr bewirtschaftet werden können. Die Kaffeebauern sehen einer finsteren Zukunft entgegen, nur weil die reichen Länder sich angewöhnt haben, viel zu billigen, schlecht hergestellten Industriekaffee zu trinken.

Es geht also nicht darum, wie der Kaffee geröstet ist – das Wichtigste für die Kaffeebauern und die Kaffeeproduktion ist, dass wir die echten Kosten für den Kaffee bezahlen. Damit geben wir den Produzenten mehr Geld, was dann auch eine nachhaltigere Situation für die Umwelt und die Bauern schafft.

Es ist ein Glück, dass das, was für die Menschheit und unseren Planeten gut ist, auch oft für unsere Geschmacksnerven gut ist. Denn wenn man einen Qualitätskaffee kauft, weiß man, dass diese Produzenten sich mehr auf Qualität als auf Quantität konzentrieren können. Dadurch gibt es weniger beschädigte Bohnen, mehr reife Kaffeekirschen in ähnlicher Größe und am Ende auch einen wirklich besseren Kaffee. Ganz ohne bitteren Nachgeschmack.

– Joanna Alm

MANIFEST

Zwölf goldene Regeln für besseren Kaffee

1.
Kaufen Sie haltbaren Kaffee mit Herkunftsnachweis von einer Rösterei, die auf Qualität statt Quantität setzt, die bei Kaffeebauern direkt einkauft und auch für deren echte Kosten zahlt.

2.
Kaufen Sie Kaffee, auf dessen Packung das Röstdatum vermerkt ist. Eine ungeöffnete Verpackung schmeckt bis zu sechs Wochen nach der Röstung am besten.

3.
Kaufen Sie nicht so dunkel geröstete Bohnen, bei denen der Charakter des Kaffees und seine natürliche Süße und Säure verschwunden sind.

4.
Espresso muss nicht anders geröstet werden als Filterkaffee. Er muss noch nicht einmal dunkel geröstet sein.

5.
Für einen Kaffee mit Schokoladengeschmack nehmen Sie eine Bourbon-Variation aus Brasilien, Bolivien oder El Salvador. Für einen saftigen Kaffee mit Beerennoten sollten Sie einen Kaffee aus Ostafrika wählen.

6.
Kaufen Sie am besten ganze Bohnen. Kaufen Sie frisch gemahlene Bohnen möglichst erst kurz vor der Zubereitung.

7.
Bedenken Sie bei der Zubereitung, dass es immer am besten ist, wenn Sie den Kaffee von Hand zubereiten.

8.
Bereiten Sie Ihren Kaffee mit sauberen Geräten zu. Wenn Ihre Maschinen verschmutzt sind, wird auch der Kaffee schmutzig schmecken.

9.
Benutzen Sie eine Waage. Für Filterkaffee benötigt man 60–65 g gemahlenen Kaffee pro Liter Wasser. Für Espresso 18 g für 36–42 ml fertigen Espresso.

10.
Schmeckt Ihnen der Kaffee nicht richtig, dann verändern Sie den Mahlgrad. Schmeckt er sauer, stellen Sie einen feineren Mahlgrad ein. Schmeckt er bitter, muss er gröber gemahlen werden.

11.
Ein hellerer Kaffee benötigt eine längere Filterzeit als ein etwas länger gerösteter Kaffee.

12.
Bereiten Sie Kaffee bei möglichst hoher Wassertemperatur zu, zwischen 90 und 95 Grad.

adidas

Äthiopien hat den höchsten Kaffeeverbrauch in Afrika und zählt zu den größten Kaffeeverbrauchsländern der Welt. Die Kaffeezeremonie ist hier Teil des Alltags, man genießt den Kaffee in der Familie und mit Freunden, aber auch in einfachen Cafés der Hauptstadt und unterwegs auf den Landstraßen.

KAPITEL 1

Der Ursprung des Kaffees

Der Anblick der meisten Kaffeeplantagen ist so schön, wie man es sich nur vorstellen kann. Hoch in den Bergen wachsen Kaffeepflanzen, so weit das Auge reicht. Den stärksten Eindruck hinterlassen die Kaffeesträucher während der Blütezeit. Dann sind es noch viele Wochen, bis sich die Kaffeekirschen bilden und noch viele Monate bis zur Ernte.

Die Blüte gibt einen Anhaltspunkt, wie groß die Ernte in diesem Jahr ausfallen wird.

Die Kaffeepflanze zählt zur Pflanzengruppe der Rötegewächse (*Rubiaceae*). Innerhalb der großen Pflanzenfamilie gibt es Zehntausende Gewächse, die von der Pharma-, aber auch von der Forstindustrie, zum Pflanzenfärben sowie auch als traditionelle Heilpflanzen verwendet werden können. Von all diesen Familienmitgliedern ist allein die Untergruppe *Coffea* für dieses Buch interessant. Zu ihr gehören sämtliche der mehr als 100 verschiedenen Arten von Kaffee. Nur zwei von ihnen werden kommerziell für Kaffeebohnen angebaut: *Coffea arabica* und *Coffea canephora*, besser bekannt als Arabica-Kaffee und Robusta-Kaffee.

Arabica

Im Jahr 1753 benannte Carl von Linné die Kaffeepflanze *Coffea arabica* in der Annahme, sie stamme von der Arabischen Halbinsel. Heute wissen wir jedoch, dass Arabica damals und bis heute wild in einem größeren Gebiet wächst, das den südlichen Sudan, Jemen und Äthiopien umfasst. Arabica ist damit die Kaffeesorte, die zuerst entdeckt wurde und die als der ursprüngliche Kaffee angesehen wird – auch wenn sie eine Kreuzung von *Coffea canephora*, Robusta-Kaffee, und einer heute nicht mehr kommerziell angebauten Kaffeesorte namens *Coffea eugenioides* ist.

Die Arabica-Pflanze steht für den größten Teil der weltweiten Kaffeeproduktion und ist eigentlich die einzige, die im Hinblick auf den Geschmack interessant ist. Alle in diesem Buch beschriebenen Kaffeesorten sind Arabica-Varietäten.

Robusta

Robusta-Kaffee wurde Ende des 19. Jahrhunderts in der damals belgischen Kolonie Kongo entdeckt, und ist – wie der Name schon andeutet – eine etwas robustere Sorte als der Arabica-Kaffee. Er hat einen höheren Koffeingehalt und ist gegen Krankheiten und Schädlinge resistenter, was die Kaffeeproduktion einfacher und billiger macht.

Robusta-Kaffee hat einen holzigen Geschmack mit starken Bitteraromen und minimaler Säure. Er schmeckt erdig, leicht nach verbranntem Gummi und ist nicht besonders wohlschmeckend. Am häufigsten verwendet man ihn als löslichen Kaffee, Espresso und in Kaffeemischungen.

Typica und Bourbon

Mitte des 18. Jahrhunderts begann der Arabica-Kaffee, die Welt zu erobern. Bald wurden die bis heute wichtigsten Unterarten der Arabica-Bohne angebaut:

1. Typica
2. Bourbon

Alle heutigen Typica-Kaffeesorten stammen von Pflanzen ab, die holländische Kaufleute vom Jemen nach Java auf Indonesien brachten, während alle Bourbon-Varietäten Hybride von Typica sind, die Franzosen nach Bourbon Island, der heutigen Insel La Réunion, exportierten.

Die Typica-Pflanze ist lang und schmal und hat oft braun gemusterte Blätter. Sie ist relativ empfindlich und anfällig gegenüber vielen Pflanzenkrankheiten, passt sich aber auch kälteren Klimazonen an. Bis in die 1940er-Jahre hinein wurde in Zentralamerika vornehmlich die Varietät Typica angebaut. Da die Pflanze so empfindlich ist, tauschte man sie gegen verschiedene Bourbon-Varianten aus. Je nach Wachstumsverhältnissen schmeckt sie unterschiedlich, hat aber stets einen erlesenen Geschmack, oft mit blumigem Einschlag. Typische Unterarten sind etwa Java und San Ramon.

Die Unterart Bourbon wird wesentlich weniger angebaut, weil sie anfällig für die meisten Krankheiten von Kaffeepflanzen ist. Dennoch hat sich Bourbon auf der ganzen Welt ausgebreitet. Dadurch sind sowohl Kreuzungen als auch natürliche Mutationen entstanden.

In großem Stil wird Bourbon aber noch immer in El Salvador, Guatemala, Honduras, Tansania und Peru angebaut. Bourbon ist süß mit runden Geschmacksnoten von Schokolade.

Dadurch, dass die weltweite Kaffeeproduktion auf Kaffeepflanzen basiert, die von diesen beiden Unterarten abstammen, ist sie vielen Schädlingen ausgesetzt. Sie ist anfällig gegenüber Insektenbefall, klimatischen Veränderungen und Kaffeerost, der eine ganze Plantage oder sogar die Ernte einer ganzen Region vernichten kann.

Die Forschung versucht, andere mögliche Kreuzungen zu züchten, die eine stabile Kaffeeproduktion ermöglichen.

Weitere Unterarten

CATUAI

Catuai wurde zwischen 1950 und 1960 in Brasilien aus den ertragreichsten Mundo-Nouvo- und Caturrapflanzen gekreuzt. Die Pflanze ist relativ niedrig im Wuchs und trägt sowohl rote als auch gelbe Beeren. Im Geschmack hat sie die gleiche Schokoladennote wie Bourbon kann auch starke Säure enthalten. Gelbe Catuai haben oft eine Note von tropischen Früchten.

CATURRA

Caturra entstand aus einer natürlichen Mutation von Bourbon. Die Pflanze ist niedrig mit dichten Zweigen, sodass sie viel Schatten wirft und dadurch mehr Sonnenlicht verträgt. Caturra hat häufig ein vollmundiges Aroma und einen starken Beerengeschmack. Am besten reift sie in Hochlagen, wo sie sehr komplex wird und eine Süße mit frischer Säure entwickelt.

CENTROAMERICANO

Centroamericano ist eine Neuentwicklung von 2010, von der man sich einen höheren Ertrag erhofft. Bei ersten Tests produzierte die Pflanze 22–48 Prozent mehr als durchschnittliche Kaffeepflanzen. Sie soll auch gegen die gefürchtete Kaffeebeerenkrankheit (CBD, coffee berry desease) und gegen Kaffeerost resistent sein. Manche Centroamericano-Bohnen sind blumig, andere haben einen tiefen Charakter von süßem Tabak mit leicht fruchtigem Aroma.

GEISHA/GESHA

Das Geschmacksprofil von Geisha-Kaffee ist erlesen blumig, oft mit Noten von Jasmin, Zitrusfrüchten und Pfirsich. Geisha-Varietäten stammen von einem Kaffee, der während der 1930er-Jahre wild im Wald rund um Gesha in Äthiopien wuchs. Die Pflanze wächst hoch und sieht mit ihren grünen oder braungrünen Blättern recht schwächlich aus. Die Kirschen sind groß bis mittelgroß. Geisha ist resistent gegenüber Kaffeerost, nicht aber gegen die Kaffeebeerenkrankheit. Seit 2005 wird Geisha von vielen Produzenten kultiviert.

H3
Diese Kreuzung zwischen Caturra und einer äthiopischen Varietät vereint die Eigenschaften einer resistenten Pflanze mit einem guten Geschmacksaroma. Sie hat ein süßes, blumiges Potential mit mittlerem Körper. Die letzten Hybriden waren leider nicht resistent gegen Kaffeerost, hatten aber ein phantastisches Aroma, sodass mehrere Produzenten nun H3 in kleinen Mengen gepflanzt haben.

Java
Anfang des 20. Jahrhunderts kam die Java-Pflanze direkt von Äthiopien zur Insel Java. Erst während der 1980er-Jahre gelangte sie nach Kamerun und von dort weiter nach Zentralamerika. Sie ist tolerant gegenüber Kaffeerost und CBD, hat ein starkes Geschmacksprofil, allerdings ist ihr Ertrag etwas niedrig. Wegen seines blumigen und nussigen Aromas wird Java oft als Alternative zu Geisha gesehen, aber er hat nicht die gleiche Komplexität und Klarheit.

Pacamara
Pacamara-Bohnen sind auffällig groß. Gut gelungen, schmeckt man Pfirsich und intensive blumige Noten, ist er weniger gut, schmeckt er nach Bananenschale. Der rote Pacamara ist süßlich mit Schokoladen- und Beerennoten. Er wurde aus zwei Typica-Varianten und Bourbon gezüchtet, seine Pflanze ist von niedrigem Wuchs mit grünen Blättern und vielen großen Kaffeekirschen. Allerdings kann er CBD und Kaffeerost bekommen.

Pacas
Pacas ist elegant im Geschmack und von seiner Genetik her zwergwüchsig, er aber schwer anzubauen. Er entstand durch die natürliche Mutation von Bourbon in El Salvador, Caturra in Brasilien und Villa Sarchi in Costa Rica. Diese Varietät macht heute 25 Prozent der landesweiten Produktion aus. Sie hat sich auch in anderen zentralamerikanischen Ländern verbreitet, wenn auch nicht in diesem Ausmaß.

Ruri 11

In Kenia produziert man Ruri 11 in relativ kleinen Mengen. Er wurde als Alternative zu den am häufigsten gepflanzten Varietäten SL28 und SL34 herangezogen, weil diese weder gegen CBD, gegen die Kaffeepest noch gegen andere Schädlinge waren. Sein Geschmack erinnert an SL28 und SL34 mit Beerentönen von Johannisbeeren, Maulbeeren und Erdbeeren – es fehlt ihm aber häufig die hohe, klare Säure.

SL28

SL28 und SL34 sind ganz wunderbare Varietäten, wenn sie in Kenia angebaut werden, nirgendwo sonst schmecken sie so klar und intensiv. Leider sind sie gegen Kaffeepest und Insektenbefall nicht resistent, weshalb man sie spritzen muss, um sie ernten zu können. Ganz auf Ökobetrieb umzustellen, würde ein hohes Risiko bedeuten, da man die gesamte Ernte dabei verlieren kann. SL28 übersteht lange Trockenzeiten, was für Kenia sehr relevant ist. Allerdings war diese Pflanze nicht unter den 42 Sorten, die in den 1930er-Jahren im Labor daraufhin untersucht wurden, wie gut sie unter kenianischen Verhältnissen gedeihen.

SL34

Genauso wie SL28 ist auch SL34 einer meiner absoluten Topfavoriten, was den Geschmack angeht. Er ist spritzig mit hoher Säure und häufig mit einem deutlichen Geschmack von schwarzer Johannisbeere. Aber SL34 ist für mich noch fruchtiger und intensiver als SL28. Wie auch SL28 kam diese Pflanze während der 1930er-Jahre auf den kenianischen Markt. Ihre Bohnen stammten von einem Baum einer privaten Kaffeefarm in Loresho Estate im kenianischen Kabete.

Villa Sarchi

Villa Sarchi ist ein natürlicher Hybrid von Bourbon, der in Costa Rica entdeckt wurde, genau wie Caturra in Brasilien und Pacas in El Salvador. Die Pflanze ist bedeutend niedriger als normaler Bourbon und eignet sich deshalb gut für hohe Lagen mit starken Winden. Sie wurde auch in anderen zentralamerikanischen Ländern angepflanzt, schmeckt aber in ihrem Heimatland am allerbesten. Dort erhält sie ihren Schokoladen-Charakter, oft mit Geschmacksnoten von tropischen Früchten.

Direct Trade

Ich besuche regelmäßig Kaffeeproduzenten in Ostafrika sowie in Zentral- und Südamerika. Durch den Kaffee habe ich andere Länder und Kulturen entdecken und Freundschaften mit unseren Geschäftspartnern schließen können. Aber diese Einkaufstouren erfordern jedes Jahr viele Flugreisen und tonnenweise Kohlendioxid. Schon heute bewirkt der Klimawandel, dass die Plantagen von Hitzewellen, Dürre und Frost bedroht sind, was die Bauern vor enorme Herausforderungen stellt. Für mich bedeutet dies einen noch größeren Ansporn, dass meine Besuche zu einer nachhaltigeren Entwicklung beitragen.

Der Begriff »direct trade« wurde von Rohkaffeeimporteuren geprägt, um zu beschreiben, wie Röster und Produzenten zusammenarbeiten. Bis 1989 wurden die Beziehungen zwischen Produzenten und dem jeweiligen Verbraucherland durch das Handelsabkommen International Coffee Agreement festgelegt. Heute regelt der Rohwarenmarkt in New York den Weltmarktpreis für Kaffee. Wer direkt mit den Produzenten handelt, vereinbart aber den Preis auf Grundlage der echten Produktionskosten. Der weltweite Anbau von Kaffee verteilt sich heute auf 12 Millionen Hektar, ein Gebiet größer als Portugal. Er erfolgt in erster Linie in Ländern rund um den Äquator, deren Durchschnittstemperatur etwa 20 Grad beträgt und die circa 1000–2000 Meter über dem Meeresspiegel liegen.

Nach Angaben der Fairtrade Foundation ist der Kaffee für 125 Millionen Menschen die Haupteinkommensquelle. Aber ein durchschnittlicher Kaffeebauer hat heute genauso hohe Einnahmen wie in den 1970er-Jahren, während die Infrastruktur- und Produktionskosten enorm gestiegen sind, die die meisten Bauern damit nicht decken können. In manchen Ländern, springt der Staat ein, sodass die größeren Produzenten mit niedrigen Kosten, die auch kreditwürdig sind, wesentlich besser dastehen. Für die 25 Millionen Kleinbauern, die immerhin 80 Prozent der weltweiten Kaffeeernte erwirtschaften, wird es schwerer und schwerer.

Aber als Verbraucher können Sie bestimmen, wohin Ihr Geld geht und eine gerechtere Bezahlung der Kaffeebauern bewirken. Durch Richtlinien für Haltbarkeit und Qualität wird die Zukunft des Kaffees gesichert. Indem Kaffee von hoher Qualität angebaut und verkauft werden kann, bekommen die Produzenten eine angemessene Bezahlung und wir erhalten unseren Kaffee in einer höheren Qualität.

Ökologie und Nachhaltigkeit

Produzenten, die auf Qualität achten, betreiben ihren Anbau oft nach ökologischen Prinzipien. Sie verwenden Kalk als Sonnenschutz, kompostieren selbst, nutzen Regenwasser zur Bewässerung und filtern und reinigen das Wasser, bevor es zurück in die Natur geleitet wird. Auch Abfall wird genutzt und man achtet stets auf gesunden Boden mit guter Erde, sonst erhält man keine gute Ernte. Manche Bauern verwenden nur biologische Schädlingsbekämpfungsmittel, einige spritzen ihre Kaffeepflanzen überhaupt nicht. In Äthiopien wächst beispielsweise viel Kaffee, sowohl im Anbau als auch wild unter natürlichen Verhältnissen, denn Schädlingsmittel zu kaufen ist dort häufig viel zu teuer. Gleichzeitig spritzen auch einige unserer Produzenten ihre Kaffeepflanzen, wenn auch sparsam. Ich habe gelernt, dass man nie über alle gleich urteilen soll und bestimmen darf, was für andere am wichtigsten sein soll: Verzicht auf Schädlingsbekämpfung oder eine sicherere Existenz für den Produzenten. Ein rein ökologischer Anbau kann für den Produzenten ein großes Risiko darstellen und ich würde es nie von ihm fordern wollen, ohne eine langfristige, gemeinsame ökonomische Verantwortung dabei mitzutragen.

Es gibt heute auch keinerlei Zertifizierung, die Nachhaltigkeit garantieren kann. Weder UTZ, noch Fairtrade oder Rainforest Alliance bieten eine Garantie dafür, dass alle drei Standbeine der Nachhaltigkeit – Ökonomie, Umwelt und soziale Verantwortung – gewährleistet sind. Für größere Produzenten können die Zertifizierungen sicher zu mehr Nachhaltigkeit und einer größeren Transparenz beitragen, doch für einen Kleinbauern sind sie oft viel zu teuer, wenn nicht ganz unmöglich. Aber ein kleinerer Produzent, der Spezialitätenkaffee herstellt, bekommt mehr dafür, was dann zu besser kontrollierten Umwelt- und Arbeitsverhältnissen führt.

Unser Beitrag zu einer positiven Entwicklung ist die Unterstützung von Projekten, an die wir glauben: Wir haben zum Beispiel mitgeholfen, Sonnenkollektoren und Wasserfilter in Farmen zu installieren und Möbel für Schulen in Kaffeeplantagengebieten zu organisieren. Wir verfolgen in jedem unserer Partnerbetriebe die Bemühungen um Nachhaltigkeit mit großem Interesse und berücksichtigen stets die jeweiligen lokalen Verhältnisse. Wir etablieren eine langfristige Zusammenarbeit mit den Produzenten und nutzen wiederum unsere Macht als Konsumenten, indem wir für einen besser produzierten Kaffee auch mehr zahlen.

Länder

In insgesamt 70 verschiedenen Ländern wird Kaffee produziert. Dabei beeinflussen Klima und Bodenverhältnisse auch den Geschmack des Kaffees. Es folgt eine Übersicht der wichtigsten Länder für Qualitätskaffee.

Burundi

Eines der ärmsten Länder der Welt, in dem 90 Prozent von der Landwirtschaft abhängig sind. Die Kaffeeproduktion wird von Kleinbauern betrieben, die an eine lokale Kooperative liefern. Viele Initiativen von Spezialitätenkaffee arbeiten heute direkt mit diesen Kooperativen zusammen.

Geschmacksprofil: Leicht saftiger Körper, der zwischen roten Beeren, Hibiskus, Bitterschokolade, Zitrusfrüchten und süßlichen Kräutern variiert.

Typische Sorten: Bourbon, French Mission, Jackson, Mibirizi und SL28.

Kolumbien

Kolumbien ist das Kaffeeland mit der vielleicht größten Geschmacksvielfalt. Aber es steckt auch in großen Problemen. Durch den Klimawandel ist die Durchschnittstemperatur seit 1980 um 1 Grad angestiegen; dazu hat Kolumbien auch große Probleme mit Kriminalität und ein zunehmendes Gefälle zwischen Arm und Reich.

Geschmacksprofil: Häufig mild und ausgewogen, in manchen Regionen mit hohem Säureanteil, in anderen ausgereifter und an Bitterschokolade und Pflaume erinnernd.

Typische Sorten: Caturra, Typica, Bourbon, Café Colombia.

Costa Rica

Ein Musterbeispiel für Anbau und Produktion von Kaffee. Durch die »micro mill revolution« gab es sogar für Kleinproduzenten die Möglichkeiten, eigenen Kaffee zu produzieren, was zu einer Vielfalt an Geschmacksprofilen führte. Die Herausforderungen liegen hier in den hohen Lebenshaltungskosten sowie den Folgen des Klimawandels. Das Land hat nur begrenzt Zugang zu Wasser. Daher versteht man sich hier besser als irgendwo sonst auf der Welt auf »honey process« (siehe Seite 52).

Geschmacksprofil: große Vielfalt an Geschmacksprofilen, häufig fruchtige und reine Tassen mit leichtem bis mittlerem Körper.

Typische Sorten: Mundo Novo, Villa Sarchi, Bourbon und Geisha.

EL SALVADOR

El Salvador hat eine extrem hohe Kriminalitätsrate, worunter auch die Produzenten leiden. Ich kaufe in Familienbetrieben, die ganz verschiedene Geschäftsmodelle, Kaffeesorten und Theorien über Kaffee haben. El Salvador ist zwar klein, hat aber eine große Vielfalt. 2012 grassierte hier der Kaffeerost. Von einem der führenden kaffeeproduzierenden Länder Zentralamerikas fiel El Salvador danach auf den letzten Platz zurück.

Geschmacksprofil: Süß und ausgewogen mit leichter bis mittlerer Säure.

Typische Sorten: Bourbon, Pacamara und Pacas.

ÄTHIOPIEN

Äthiopien gilt als Wiege des Arabica-Kaffees. Man entdeckte seine Pflanze zuerst in den Waldgebieten im Südwesten des Landes und in der Provinz Bale und in Bada Magada im Gebiet von West Guji. Dort konnten sich lokale Hybriden über Generationen natürlich entwickeln. Im 19. Jahrhundert wuchs die wirtschaftliche Bedeutung des Kaffees. Die Bauern fingen an, Kaffeepflanzen aus dem wilden Waldbestand in Plantagen anzupflanzen und tauschten die Sorten untereinander. Viele dieser Sorten, die heute in Guji, Bale und den angrenzenden Regionen wachsen, stammen vermutlich von diesen lokalen Hybriden.

Als ich das erste Mal nach Äthiopien gereist bin, war ich geschockt von den Zuständen bei der Kaffeeproduktion und den allgemeinen Lebensverhältnissen. Aber bald faszinierte mich dieses Land und heute ist Äthiopien eines meiner Lieblingsländer. Es war nie kolonialisiert und hat fast 100 Millionen Bewohner. Dabei riecht das ganze Land nach Kaffee. Von den rund 6,6 Millionen Säcken Kaffee, die landesweit produziert werden, behalten sie die Hälfte für den eigenen Verbrauch. Viele Familien pflücken selbst ihren Kaffee, den sie in der Sonne trocknen und dann zur äthiopischen Kaffeezeremonie verwenden (siehe Seite 85).

Geschmacksprofil: leichter Körper mit Noten von Bergamotte, Blumen, Zitrusfrüchten und schwarzem Tee (Earl Grey).
Typische Sorten: moderne Varietäten lokaler Hybride.

Honduras

Kaffee aus Honduras habe ich schon immer geliebt, besonders den aus der Region von Santa Barbara. Oft hat er Noten von tropischen Früchten und Vollmilchschokolade und einen hohen Säureanteil. 75 Prozent dieses Landes bestehen aus Bergen. Seine Geschichte ist stark durch das Militärregime, Korruption und Kriminalität geprägt.

Geschmacksprofil: würziges, intensives Aroma, ausgeprägte Säurestruktur.

Typische Sorten: Caturra, Typica, Bourbon.

Kenia

Kenianischer Kaffee schmeckt wie der von meiner Mutter selbst gemachte schwarze Johannisbeersaft und ist klarer und reiner als jeder andere Kaffee, den ich bisher getrunken habe. In Kenia ist man unglaublich geschickt darin, Kaffee zu waschen, was ihm einen sehr transparenten Körper verleiht, der zu dem frischen, säuerlichen Geschmack der Kaffeebohnen passt. Bevor der Kaffee aufbereitet wird, sortiert man ihn von Hand, und die reifen Kirschen werden getrennt prozessiert.

Geschmacksprofil: klar, frisch, weinartig, reich an Säure. Typische Geschmacksnoten: schwarze Johannisbeere, Bergamotte, Rhabarber, frische Erdbeeren.

Typische Sorten: SL28, SL34, Turi 11, Batian und K7.

Nicaragua

Der Kaffee war lange eines der wichtigsten Exportgüter Nicaraguas, obwohl der Bürgerkrieg in den 1980er-Jahren und die Einmischung der USA die Situation erschwerten. Während der Krise des Kaffeepreises im Jahr 2003 wurden drei der sechs größten Banken Nicaraguas zahlungsunfähig, weil sie vollkommen vom Kaffee abhängig waren. Auch heute verweigern viele Banken den Kaffeebauern die Kredite, was diese wiederum stark unter Druck setzt. Trotz dieser schwierigen Voraussetzungen hat der Kaffee aus Nicaragua heute bessere Herkunftsnachweise und ist in vielen Geschmacksrichtungen und unterschiedlichen Preislagen erhältlich.

Geschmacksprofil: komplex und fruchtig. Mittlere bis starke natürliche Süße und Säurestruktur.

Typische Sorten: Typica, Bourbon, Caturra und Pacamara.

PANAMA

Bis ins Jahr 2000 war Panama nicht dafür bekannt, guten oder auch nur besonders viel Kaffee zu produzieren. Aber raffinierte Kaffeeproduzenten pflanzten massenweise verschiedenste Sorten an, darunter auch die äthiopische Geisha. Das Ergebnis wurde ein Kaffee mit einer großen Komplexität. Schon seit etlichen Jahren ist dieser panamaische Geisha der teuerste Kaffee der Welt – und die gesamte Kaffeewelt wundert sich über diesen märchenhaften Erfolg. Er zeigt nämlich, dass Qualität sich auszahlt, dass Kaffee auch etwas kosten darf.

Geschmacksprofil: rund und nach Schokolade. Je nach Sorte und Umgebung kann der Kaffee ein blumig-fruchtiges Aroma von Zitrusfrüchten aufweisen. Wohlschmeckender, aber leichter Körper.

Typische Sorten: Typica, Caturra, Catuai, Bourbon, Geisha und San Ramon.

RUANDA

Kaffee aus Ruanda erinnert mich an einen roten Beaujolais aus Morgon, an Preiselbeeren und rote Johannisbeeren. Leider wird er immer wieder durch den sogenannten Kartoffeldefekt geschädigt, der durch ein Bakterium verursacht wird, das durch die Schale der Kaffeekirsche eindringt und ein übelschmeckendes Toxin hinterlässt. Eine einzige befallene Bohne schmeckt man in einer ganzen Röstcharge durch. Seien Sie daher vorsichtig und mahlen Sie nicht die ganze Tüte auf einmal, wenn Sie einen Kaffee aus Ruanda zubereiten. Nach dem fürchterlichen Völkermord 1994 in Ruanda wurde der Kaffee zum Symbol des Wiederaufbaus und man setzte viele Ressourcen ein, um Verarbeitungsstationen aufzubauen. Seit dieser Zeit übernehmen auch immer mehr Frauen Verantwortung.

Geschmacksprofil: leichter Körper mit gewissen Bittertönen und Aromen von Preiselbeeren und roten Johannisbeeren. Auch Noten von süßen roten Beeren, süßen Kräutern, roten Äpfeln, schwarzem Tee und Weintrauben sind charakteristisch.

Typische Sorten: Bourbon, Mibirizi und Jackson.

Pflanze und Kaffeekirsche

Ein Baum setzt während seiner gesamten Lebenszeit etwa fünfzigmal Früchte an, die sogenannten Kaffeekirschen. Auf den Kaffeeplantagen werden daher fortwährend Pflanzen gesetzt. Nach dem Pflanzen dauert es ungefähr drei Jahre, bis sich die Ernte der neuen Kaffeepflanzen für den Weiterverkauf lohnt.

1

2

1 Zunächst werden Kaffeebohnen in die Erde gelegt. Sobald diese keimen, wächst ein Trieb aus ihnen heraus.

2 Nach sechs bis zwölf Monaten werden die Pflanzen in das Anbaufeld umgesetzt. Nach zwei bis drei Jahren ergeben sie eine kommerziell nutzbare Ernte.

3 Zum Reifen benötigt die Kaffeekirsche etwa neun Monate.

4 Jede Kirsche enthält zwei Kaffeebohnen. Ein Kaffeebaum produziert ungefähr 2000 Kirschen jährlich, also 4000 Kaffeebohnen. Das heißt, dass eine Pflanze nur ein knappes 500-g-Paket Kaffee jährlich hervorbringt.

3

4

Ernte

Die meisten Kaffeebäume werden einmal im Jahr bei einer Haupternte abgeerntet, in vielen Ländern noch bei einer weiteren Ernte mit kleineren Erträgen. Die Erntezeit erstreckt sich über circa drei Monate.

1 Am frühen Morgen werden die Kaffeekirschen gepflückt und nachmittags an der Verarbeitungsstation abgeliefert.

2 Spezialitätenkaffee wird von Hand gepflückt. Die Ernte für den Massenmarkt erfolgt oft maschinell. Die Maschinen arbeiten zwar zehnmal so schnell wie ein Mensch, aber sie ernten die unreifen mit den reifen Früchten.

3 Um nur die reifen Kirschen zu ernten, muss der Pflücker in der Erntezeit mehrmals durch die Plantage gehen.

4 Die Kaffeeernte ist ein Saisonjob. Auf den meisten Plantagen erhalten die Pflücker mit dem Lohn auch Frühstück und Mittagessen.

2

3

4

Reife, handgepflückte Kaffeekirschen auf der Plantage Sumava in Costa Rica. Die Weiterverarbeitung des Kaffees beginnt am Nachmittag und Abend. Dann ruht er in Fermentierungstanks oder auf Trockentischen.

Die Tische, auf denen die Kaffeebohnen trocknen, sind aus Holz gefertigt. Manche Verarbeitungsstationen stellen die Tische nur vorübergehend auf und bauen sie bei Saisonende wieder ab. Zumeist stellen die Trockentische eine große Investition für die Produzenten dar, weshalb sie die Schäden jedes Jahr sorgfältig ausbessern.

Wasch-station

Nach der Ernte werden die Kaffeekirschen zu einer Waschstation transportiert, die häufig an einem Wasserlauf liegt.

Bei der Aufbereitung und Fermentierung werden im Wasser Stoffe der Kaffeekirsche gelöst, die für die Natur schädlich sind. Deshalb ist es wichtig, das Wasser zu filtern und zu neutralisieren, bevor es wieder dem Kreislauf zugeführt wird.

1 Waschstationen, auch Verarbeitungsstationen oder »factories« genannt, liegen oft in der Nähe der Kaffeeplantagen. Entweder sind die Bauern an den Stationen beteiligt oder sie verkaufen ihnen die Kaffeekirschen. Teilweise zahlen sie auch, um ihren Kaffee hier verarbeiten zu lassen.

2 Die meisten Bauern liefern ihre Kaffeeernte in Säcken ab, die sie zu Fuß tragen, andere nutzen ein Pferdefuhrwerk. Wenn die Nachbarn nicht auch am selben Tag ihre Felder ernten, helfen sie sich oft gegenseitig beim Pflücken. Ein Pflücker kann häufig 80–120 Kilo Kaffee am Tag pflücken.

Die Waschstation Hunkute Site 2 liegt über 2000 Meter hoch in der äthiopischen Region Sidama.

Nasse Aufbereitung

Spezialitätenkaffee wird durch nasse Aufbereitung, natürliches Trocknen oder den »honey process« weiterverarbeitet.

Bei der nassen Aufbereitung löst man die Bohnen aus den Schalen, wäscht und trocknet sie. Es gibt jedoch soviele Arten der Aufbereitung wie es Kaffeeproduzenten gibt.

Generell verläuft die Kaffeewäsche folgendermaßen:

1 Die reifen Kirschen kommen gleich nach dem Pflücken zur Waschstation. Die Ernte wird gewogen und die Bauern werden nach Gewicht ausbezahlt. Wer mehr rote Kirschen dabei hat, erhält einen Bonus. Vor der Weiterverarbeitung werden unreife und beschädigte Kirschen aussortiert, dabei wird kein Kaffee weggeworfen, sondern nach Qualitätsgraden unterschieden. Spezialitätenkaffee wird zur höchsten Qualitätsstufe gezählt.

2 Eine Entpulper-Maschine trennt die Bohnen aus der Schale (Cascara), die als Kompost verwendet wird.

2

3

4

3 Der Kaffee wird entpulpt, indem die Kirschen durch Walzen laufen, die ihre äußere Schale knacken. Der Abstand zwischen den verschiedenen Walzen kann justiert werden, um unterschiedlich viel Fruchtfleisch rund um die Kaffeebohnen zu belassen.

4 In Wasserkanälen wird der Kaffee dann gewaschen und gleichzeitig zu den Fermentierungstanks transportiert.

5 Eine gute Fermentierung intensiviert die natürlichen Geschmacksstoffe. Dabei legt man die Bohnen in Fermentierungstanks, die mit sauberem Wasser gefüllt sind. Danach werden die Bohnen durch Kanäle geleitet, in denen man das restliche Fruchtfleisch entfernt.

6 In den Kanälen sind Schleusen eingebaut, die Bohnen mit der richtigen Dichte (Densität) durchlassen. Unreife Kirschen werden in eine niedrigere Güteklasse aussortiert.

7 Anschließend wird der Kaffee auf erhöhten Tischen zum Trocknen ausgelegt.

8 Das beste Aroma erhält Kaffee, wenn er anfangs schnell in einer dünnen Lage trocknet und danach etwas langsamer, indem man die Bohnen zu Haufen schiebt. Zum Schutz werden sie mit Plastikfolien abgedeckt.

9 Die Kaffeebohnen werden immer wieder von Hand gewendet und dabei beschädigte Bohnen in eine niedrigere Güteklasse aussortiert. Hat der Kaffee einen Feuchtigkeitsgehalt von 11–11,5 Prozent erreicht, wird er in Säcke verpackt und in einem trockenen, kühlen Lagerraum aufbewahrt. Der Kaffee kommt dann zur Trockenstation, wo seine äußere Schale entfernt wird und weitere Sortierungen erfolgen.

9

1

Trockene Aufbereitung

Diese Methode, »natural process«, ist die älteste Art der Kaffeeverarbeitung. Nach der Ernte werden die Kaffeekirschen in einer dünnen Lage in der Sonne ausgebreitet. Dabei wird kein Wasser und wenig maschinelle Ausrüstung benötigt. Die Kirschen müssen drei bis sieben Wochen lang kontinuierlich von Hand gewendet werden. Dadurch bekommt er eine stärkere Süße und erhält über die Schalen Geschmacksnoten von Erdbeere, Rosine, roten Trauben und Blaubeere.

2

1 »Natural process« wird sowohl für den Export als auch für den lokalen Kaffeebedarf angewendet. Für den eigenen Verbrauch pflücken die Bauern die Kirschen von den Kaffeebäumen, legen sie zum Trocknen auf den Boden und entfernen dann die Schale von Hand.

2 Die Kaffeekirschen werden in dünnen Lagen ausgebreitet, damit sich kein Schimmel bildet, und bis zu hundertmal am Tag gewendet. Haben die Kaffeekirschen eine tiefe rotbraune Farbe angenommen, sind sie fertig getrocknet. Dann geht es zur nächsten Station, wo die äußere Fruchtschale entfernt wird.

Honey process

Hierbei werden die Kaffeebohnen mit dem Fruchtfleisch getrocknet. Während des Trocknens wird das Fruchtfleisch klebrig wie Honig – daher der Name. Je mehr Fruchtfleisch noch an der Kaffeebohne haftet, desto süßlicher und fermentierter wird später der Geschmack.

Honey process ist besonders für trockene Gebiete eine gute Alternative, weil diese Aufarbeitung so gut wie kein Wasser erfordert.

1

2

1 Auch hier beginnt man mit dem Entpulper, in dem die Schalen der Kaffeekirschen zerbrochen und von den Kernen getrennt werden. Dann legt man Bohnen zum Fermentieren aus. Beschädigte und minderwertige Bohnen werden von Hand aussortiert.

2 Wenn der Kaffee noch ungefähr 11,5 Prozent Feuchtigkeit enthält, wird er in Säcken verpackt und zu einer »Trockenmühle« (dry mill) zum Sortieren gebracht. Dort wird auch die dünne Pergamenthülle von der Bohne entfernt.

Wenn es auf der Farm Ana Sora in Äthiopien regnet, sind die Straßen mit dem Auto fast nicht zu passieren. Deshalb hat man dort eine eigene Aufbereitungsstation aufgebaut.

Trocken-mühle (»Dry mill«)

Nach dem Trocknen sind die Kaffeebohnen noch immer von einer dünnen Pergamenthülle ummantelt. Diese wird nun in der Trockenmühle (»dry mill«) maschinell entfernt.

Auch Kaffeebohnen, die in ihren Kirschen getrocknet sind, werden nun maschinell geschält. Außerdem werden die Bohnen hier sortiert und für den Export in Säcke verpackt.

1 Die Kaffeebohnen kommen in gekennzeichneten Säcken zur Trockenmühle. Während der Weiterverarbeitung werden die individuellen Lieferungen voneinander getrennt gehalten, damit der ganze Weg von der Kaffeefarm über die Aufbereitung bis zur Rösterei zurückverfolgt werden kann. Zuerst wird der Kaffee in einer Vorstufe gereinigt. Die Bohnen werden durch Rohre in die Maschine gesaugt. Dort werden durch Schütteln Laub und Ästchen entfernt. Gelegentlich verirrt sich sogar eine Brille hinein, die irgendwo beim Transport in den Sack gefallen ist.

2

2 Um die Bohne liegt jetzt noch eine dünne Pergamenthülle. Durch Reibung wird sie im »Huller« entfernt, bevor sie in einem weiteren Filter poliert wird. Noch einmal werden verbliebene kleine Steinchen oder andere Gegenstände entfernt, die in die Kaffeesäcke gelangt sind. Nach diesem Schritt bleibt nur noch reiner Kaffee übrig.

3 Die Bohnen werden auch nach Größe und Farbe sortiert. Die Spannbreite der Farben wird im Computer festgehalten. Die beste Sortierung weist eine sehr kleine Farbspannbreite auf. Die Bohnen werden nach Größen auf einer Skala von 13–19 sortiert.

4 Die Bohnen werden von Hand auf dem Fließband sortiert. Für die Massenproduktion läuft das Band sehr schnell, während seine Geschwindigkeit für die gründlichere Durchsicht beim Spezialitätenkaffee gedrosselt wird.

5 Wenn die Bohnen in Kunststoffsäcken und in einem schützenden Jutesack verpackt sind, wiegt jeder Sack rund 60 Kilogramm. Damit die Herkunft des Kaffees erkennbar bleibt, markiert man die Säcke mit einem Nummernsystem, aus dem die Farm und der Exporteur hervorgehen. Auch Sorten und Aufbereitungsmethoden können auf diese Weise festgehalten werden. So lagern die Bohnen, bis sie weiter verschifft werden. Die Zeit der Lagerung variiert zwischen einer Woche und drei Monaten für Spezialitätenkaffee. Massenkaffee kann länger als ein Jahr dort lagern. 75 Prozent der Weltproduktion gehen in den Export. Dieser entspricht rund 300 Millionen Säcken Rohkaffee jährlich.

6 Die Arbeit in der Trockenmühle ist monoton und schwer. Jedes Kilo Kaffee erfordert einen hohen Arbeitseinsatz und die hier arbeitenden Menschen sollten mehr für ihren Job erhalten als sie jetzt bekommen. Wir können dies beeinflussen, indem wir schärfere Richtlinien aufstellen und mehr für unseren Kaffee bezahlen.

6

A53134

KAPITEL 2

Rösten

Das Rösten ist ein Handwerk und zugleich eine individuelle Angelegenheit. Sie können zu Hause selbst Kaffee rösten oder ihn in einer lokalen Rösterei kaufen. Je mehr Sie von Rohkaffee verstehen, desto besser gelingt Ihnen das Rösten. Nehmen Sie einen Kaffee, den Sie gerne trinken, und rösten Sie ihn so, wie es Ihnen gefällt.

DIEDRICH

Fincas
MIERISCH
DESDE 1908
PRODUCTO DE
NICARAGUA
COSECHA 17/18
017 / 043 / 066
PARA
PRODUCT OF
CAFE DE
EL SALVADOR
CROP
COSECHA 2017-2018
LOS ANDES
SL28
FINCA
Los Andes
WASHED
LONDON GATEWAY, UK
09 030 287 1-211
COFFEE PRODU
OF KENYA
NET 60 KGS
PREPARED FO
Nordic Approach
NordicApproach
UK
PRODUCT OF
EL SALVADOR
CROP
COSECHA 2017-2018
LOS ANDES
BOURBON
WASHED
CAFÉ DE COSTA RICA
DON PEPE
GEISHA RED HONEY
TILBURY, UK
5-818-0110
KERCHANSHE
ETHIOPIA WASHED
CROP 2017
CAFÉ DE COSTA RICA
DON PEPE GEISHA
RED HONEY
LONDON GATEWAY
5-818-0112
NordicApproach
COFFEE
EXCELSO
CAFÉ

Ich habe bereits viele Jahre als Barista gearbeitet, bevor ich mit dem Rösten anfing. Als mein Café noch in den Kinderschuhen steckte, installierten wir eine Röstmaschine und servierten bald darauf Kaffee aus unseren selbst gerösteten Bohnen. So experimentieren zu können, ermöglichte uns, das Rösthandwerk von der Pike auf zu erlernen.

Ein paar Jahre später bauten wir uns eine eigene Rösterei. Heute arbeiten wir mit einem 25-Kilo-Röster, in dem wir jeweils 8–16 Kilogramm Bohnen rösten. Wir haben jederzeit mindestens sieben verschiedene Sorten vorrätig und rösten auch auf Bestellung. Für mich ist das Rösten der zweite Schritt in einem Prozess, der mit meinem Besuch bei den Produzenten beginnt. Der Kaffee ist so nicht nur Kaffee für mich, sondern es stehen Menschen dahinter, unsere Freunde und Partner mit ihren Farmen und der Natur.

In dem folgenden Kapitel lernen Sie die Grundzüge des Röstens kennen.

Rohkaffee

Selbst gerösteter Kaffee ist immer nur so gut wie der verwendete Rohkaffee. Beim Kaffeerösten geht es eigentlich nur darum, das aus der Bohne herauszuholen, was bereits in ihr steckt. Röstet man den Kaffee zu dunkel, verliert er an Charakter, röstet man ihn zu hell, entfalten sich nicht alle Aromen.

Der chemische Aufbau des Rohkaffees bestimmt seinen zukünftigen Geschmack, der sich aus 800 Inhaltsstoffen zusammensetzt. Auch wenn Rohkaffee 7–11 Prozent Zucker enthält, wird der Kaffee nicht süß, denn die Zuckerarten können eine bittere Note oder auch neue Aromen erzeugen.

Es gibt auch verschiedene Säuren im Kaffee. Einige sind gut bekömmlich, während andere schlechter schmecken.

Wenn der Rohkaffee eine hohe Säure, eine Schokoladennote oder ein cremiges Aroma hat. Dann ist es die Aufgabe des Röstmeisters, diese Geschmacksnuancen beim Rösten hervorzuheben.

Röstgrad

Man unterteilt die Röstgrade beim Kaffee meist in helle, mittlere und dunkle Röstung. Doch manchmal können diese Kategorien auch irreführend sein. Ich habe schon Kaffeesorten geröstet, die hell aussahen, aber nach mittlerer Röstung schmeckten; andere hatten noch einen leichten Grasgeschmack, obwohl sie dunkel geröstet waren. Aber belassen wir es bei der üblichen Einteilung, um daraus einige Schlussforderungen zu ziehen.

Helle Röstung

Beim hell gerösteten Kaffee schmeckt man die Nuancen und natürlichen Geschmackstoffe des Kaffees, dabei jedoch weniger den Geschmack der Röstung selbst. Man erlebt hier die natürliche Säure und erhält eine leichte, saftige Tasse. Ein hell gerösteter Kaffee, der nicht durchgeröstet ist, wird allerdings nach Gras schmecken oder als wässrig empfunden.

Mittlere Röstung

Sie dürfte der goldene Mittelweg sein. Ich röste meinen Kaffee, bis alle Bohnen knacken (siehe Seite 73) und das bezeichne ich als mittlere Röstung. Aber im Vergleich mit industriell geröstetem Kaffee ist es immer noch eine helle Röstung. Doch wenn der Kaffee nicht dunkel ist, bedeutet das nicht automatisch, dass er nicht durchgeröstet ist. Bis zum ersten Knacken kann man schon viel aus dem Kaffee herausholen. Ob Sie viel Energie in die Anfangsphase des Röstens legen oder es gemächlich angehen – beim ersten Knacken ist der Kaffee durchgeröstet. Deshalb lautet mein Tipp: Wenn Sie ein Aroma mit Schokoladennoten erzielen wollen, aber eine traditionelle dunkle Röstung nicht mögen, muss Ihr Kaffee sich bereits während des Röstens entwickeln, nicht nach dem ersten Knacken.

Dunkle Röstung

Eine dunkle Röstung erzielen Sie, indem Sie den Kaffee so dunkel rösten, dass seine natürliche Süße und Säure verschwindet und er durch das Rösten selbst einen verbrannten, bitteren und fast rauchigen Geschmack erhält.

Mahlgrad

Bei einem helleren Kaffee berechnet man eine längere Brühzeit und einen feineren Mahlgrad, um die Süße in die Tasse zu bringen. Ein stärker durchgerösteter Kaffee ist leichter wasserlöslich, sodass er gröber gemahlen und kürzer überbrüht werden kann. Sogar ein Kaffee aus höheren Lagen ist poröser und leichter löslich.

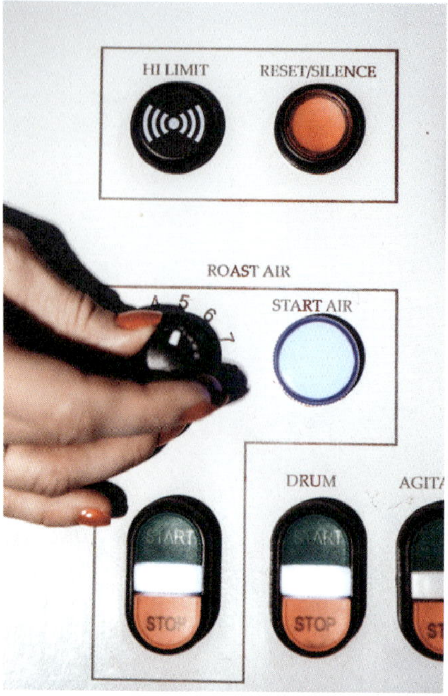
HI LIMIT
RESET/SILENCE
ROAST AIR
START AIR
DRUM
START
STOP

in. W.C.
mbar

Blends

Eine Mischung (englisch »blend«) aus vielen hervorragenden Bohnen kann ausgezeichnet sein und eine komplexe, ausbalancierte Tasse erzeugen. Aber häufig ist eine Mischung einfach billiger und besteht auch nicht aus geschmacksmäßig hervorragenden Kaffeebohnen. Die meisten Mischungen werden hergestellt, um ein Produkt anzubieten, bei dem der Konsument immer weiß, wie dieser Kaffee schmeckt, und das daher für den Produzenten wirtschaftlich ist.

Wer sich für Kaffee interessiert, hat also keinen wirklichen Bedarf an diesen Mischungen – außer, um sich noch weiter in die Kaffeewelt zu vertiefen.

Eine Mischung kann entweder vor oder nach dem Rösten zusammengestellt werden und wird entsprechend als »preblend« oder »post blend« bezeichnet. Unabhängig davon ist es schwer, die verschiedenen Komponenten auf gleiches Niveau und gleiche Löslichkeit zu rösten. Einige Bohnen der Mischung werden überextrahiert, einige unterextrahiert sein. Aber ich glaube, dass viele, die heute noch eine Mischung trinken, mit etwas Neugierde und Information auch einen sortenreinen Kaffee finden, der ihnen mindestens genauso gut schmeckt.

Kaffeeröster

Kommerzielle Kaffeeröstmaschinen gibt es in vielen verschiedenen Ausführungen. Die meisten Röstereien arbeiten mit einem Trommelröster, in dem der Kaffee über einer mit Strom oder Gas betriebenen Wärmequelle zirkuliert. Einige rösten mehr mit der Nachwärme aus der Trommel, andere direkt über der Wärmequelle. Bei manchen Geräten kann man die Drehgeschwindigkeit der Trommel und die Luftzufuhr einstellen, bei anderen nicht. Die Stärke der Gaszufuhr, die Raumtemperatur und die Anbringung des Temperaturmessers sind in jeder Rösterei unterschiedlich. Ein allgemein gültiges Rezept gibt es daher nicht und sogar die Röstkurven müssen von Röster zu Röster angepasst werden. Auch noch so viele Informationen darüber ersetzen nicht die eigenen Tests und Experimente, die man mit den eigenen Kaffeebohnen und dem eigenen Röster anstellen kann.

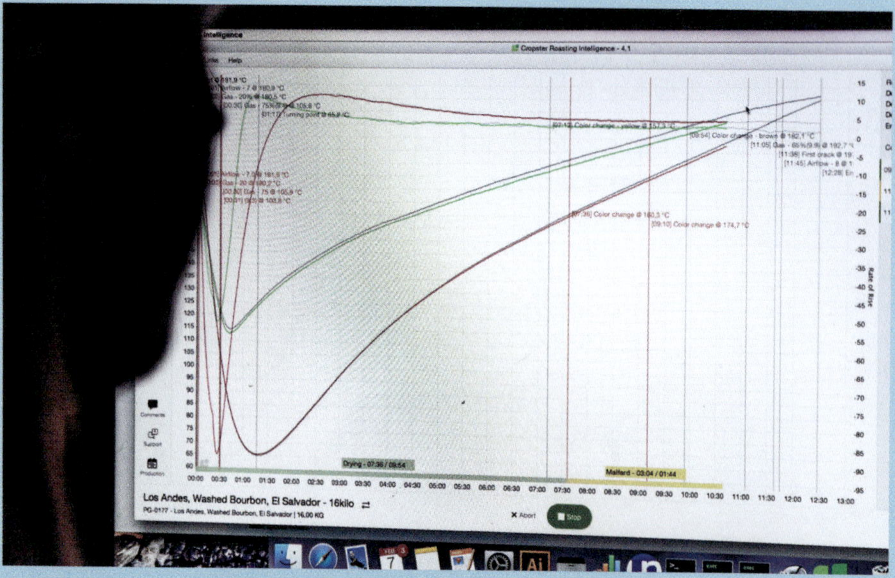

Röstprofil

Oben sehen Sie ein sogenanntes Röstprofil, oder Röstkurve. Mit ihr steuert man den Röstprozess. Auf der Y-Achse der Kurve kann man die Temperatur, auf der X-Achse die Zeit ablesen. Die exakten Temperaturen hängen von der jeweiligen Rösterei und dem Röstgrad ab.

CA. 178–190°

EINGANGSTEMPERATUR

Damit bezeichnet man die Temperatur, bei der man den Kaffee in die Trommel schüttet. Ist die Temperatur in der Trommel dabei zu niedrig, dauert es zu lange, bis die Bohnen anfangen zu rösten, eine zu hohe Temperatur kann bittere Geschmacksnoten ergeben.

CA 60–75°

WENDEPUNKT

Dieser tritt ein, wenn die Temperatur des Kaffees anfängt zu steigen. Kommt er zu früh oder zu spät, muss die Wärmezufuhr erhöht oder reduziert werden.

CA 75-150°

AUSTROCKENPHASE

Bis circa 150 °C färben sich die hellgrünen Kaffeebohnen beige. Das nennt man Austrockenphase. Zu Anfang hatten die Bohnen noch einen Feuchtigkeitsgehalt von ungefähr 9–11 Prozent, der nun in Dampf umgewandelt wird und einen immer höheren Druck in der Bohne erzeugt.

165° KARAMELLISIEREN

Bei etwa 165 °C färben sich die Bohnen gelbgold. Es duftet etwas nach süßem Brot und Hefe, denn die Zuckermoleküle werden aufgespalten und noch viele weitere Male aufgebrochen. Aber erst ab jetzt kann man die Süße des Kaffees herausarbeiten.

175-185° MAILLARD-REAKTION

Bei etwa 175 °C–180 °C wird der Kaffee braun und riecht »nach Kaffee«. Der Zucker verbindet sich mit der Säure, was vermutlich beginnt, bevor der Kaffee braun wird, und sich fortsetzt, bis das Rösten beendet ist.

193-200° ERSTES KNACKEN (FIRST CRACK)

Während des Röstens baut sich ein hoher Druck in der Kaffeebohne auf. Bei ca. 193 °C–200 °C ist er so hoch, dass er sich ausdehnt und ein hörbar knackendes Geräusch verursacht – das erste Knacken.

CA 198–205° ENTWICKLUNGSZEIT (CRACKING TIME)

Die Bezeichnung ist missverständlich, denn wenn eine Kaffeebohne das erste Mal geknackt hat, sind alle Geschmacksnuancen entwickelt. Ab jetzt geht es nur darum, bittere Rösttöne hinzuzufügen oder die Süße zu verändern. Bei der Entwicklungszeit hält man die Zeit fest, bei der die ersten Bohnen geknackt haben, um beurteilen zu können, wann alle fertig geröstet sind. Deshalb würde ich lieber von »cracking time« sprechen.

CA 206° ENDTEMPERATUR

Die Endtemperatur ist genauso wichtig wie die Entwicklungszeit. Das Verhältnis dieser beiden zueinander gibt ein Gespür dafür, wie gut der Kaffee durchgeröstet ist.

CA 215° ZWEITES KNACKEN (SECOND CRACK)

Wenn Sie den Kaffee völlig durchrösten wollen, lassen Sie einige Bohnen in der Trommel für das zweite Knacken. Tritt das Kohlendioxid aus den Bohnen ein zweites Mal mit einem Knacken heraus, entweichen als Letztes auch Öle aus dem Kaffee. Gleich danach verkohlt die Bohne, weil keine Feuchtigkeit mehr vorhanden ist.

Rösten Schritt für Schritt

Um zügig arbeiten zu können, muss alles gründlich vorbereitet werden. Für alle Chargen (englisch: »batches«) wählt man die jeweiligen Referenzkurven (Röstrezepte), saubere Behälter für den gerösteten Kaffee werden bereitgestellt und markiert.

1 Der Rohkaffee wird grammgenau abgewogen, in saubere Behälter gefüllt, markiert und in der Reihenfolge aufgestellt, wie er geröstet werden soll. Eine ideale Batch-Menge ist meist 60–75 Prozent des Fassungsvermögens der Rösttrommel. Alle Batches werden mit demselben Gewicht ausgewogen, damit der Kaffee bei jedem Röstvorgang gleich geröstet wird.

2 Der Röster wird erhitzt und rund 10 Grad über der Temperatur, mit der der Rohkaffee eingefüllt wird, stabilisiert. Die Luftzufuhr wird anhand der Referenzkurve justiert, dann füllt man den Rohkaffee in die Maschine. Nun wird die Trommeltemperatur gesenkt und sobald die richtige Temperatur erreicht ist, lässt man den Rohkaffee in den Röster.

3
120°C
03:07
163°C
yellow
5:38
177°C
7:24
182°C
8:05
8:57
205°C

4

5

3 Die Kaffeebohnen verfärben sich von grün und gelb zu braun; die jeweilige Temperatur wird notiert.

4 Beim ersten Knacken (First Crack) hält man die Zeit fest. Wenn der Kaffee laut Referenzkurve am besten ist, wird er herausgelassen und schnell bei Zimmertemperatur heruntergekühlt.

5 Währenddessen notiert man eventuelle Abweichungen gegenüber der Röstkurve. Außerdem wird das Endgewicht abgewogen und die Farbskala gemessen.

6 Noch am selben Tag wird der Röstkaffee in luftdichte Verpackungen mit Ventil verpackt.

7 Bei Blindverkostungen durch sogenanntes Cupping (siehe Seite 88) wird der Kaffee getestet.

6

7

Zu Hause rösten

Früher hat man häufig selbst die Bohnen geröstet. Doch im Zuge der Vermarktung wurde Kaffee immer weniger eine frische Ware. Stattdessen ist er heute ein Halbfabrikat, das man gefriergetrocknet, in Kapseln oder bereits fertig gemahlen konsumiert. Aber eigentlich ist Kaffee ein Frischeprodukt, das am besten schmeckt, wenn es wenige Wochen vor dem Genuss geröstet wurde. Daher empfehle ich, ihn einmal zu Hause selbst zu rösten.

Eigentlich können Sie den Kaffee mit jeder beliebigen Wärmequelle rösten, zum Beispiel im Backofen oder in einer Pfanne. Das Ergebnis wird nicht super gut sein, aber wahrscheinlich noch besser als bei den meisten industriellen Kaffeesorten. Wenn Sie einen qualitativ hochwertigen Kaffee zu Hause rösten wollen, benötigen Sie einen Kaffeeröster für den Hausgebrauch.

Rösten auf einfache Art

Im Popcornmaker

Eine Popcornmaschine kann man leicht zum Rösten von Kaffee umfunktionieren, allerdings ist das Ergebnis leider ziemlich ungleichmäßig. Nehmen Sie die Kaffeebohnen sofort heraus, wenn sie braun geworden sind und geknackt haben. Der Röstvorgang sollte nicht länger als fünf Minuten dauern.

Mit dem Flambierbrenner

Damit der Kaffee so gleichmäßig wie möglich geröstet wird, müssen die Bohnen konstant in Bewegung bleiben. Legen Sie die Bohnen auf einem Blech aus, erhitzen Sie sie rundherum mit dem Brenner und rütteln Sie das Blech bis die Bohnen gleichmäßig braun sind und knacken. Das dauert circa vier Minuten.

Im Backofen

Den Backofen auf circa 185 °C vorheizen. Kaffeebohnen auf einem Backblech verteilen und in die Ofenmitte schieben. Die Bohnen auf dem Backblech immer wieder durchschütteln und sofort nach dem »First Crack« herausholen.

DROP
COFFEE
ROASTERS
IKAWA

Rösten für Fortgeschrittene

Mit einer eigenen Kaffeeröstmaschine für zu Hause haben Sie stets röstfrischen Kaffee im Haus. Ich empfehle eine Maschine der Marke Ikawa, weil man daran eigene Röstprofile einstellen und auch kleine Mengen Kaffee rösten kann. Ein idealer Röstvorgang von circa 100–300 Gramm Kaffee dauert nicht länger als 5–10 Minuten.

Im Folgenden beschreibe ich die einzelnen Schritte eines Röstvorgangs. Es ist schwer, dabei exakte Zeiten und Temperaturen zu empfehlen, denn alle Kaffeesorten und Röstmaschinen sind unterschiedlich und haben verschiedene Voraussetzungen. Aber wenn man nur kleine Mengen Kaffee röstet und sich dabei genaue Notizen macht, kann man leicht selbst experimentieren.

1. Wiegen Sie zuerst den Rohkaffee ab. Es ist wichtig, das exakte Gewicht festzuhalten, um die Röstungen später wiederholen zu können. Je mehr Faktoren man kontrollieren kann, umso besser versteht man, wie Hitze, Zeit und Luftzufuhr das Rösten beeinflussen. Man sollte auch jedes Mal dieselbe Menge Kaffee rösten. Für viele Röster ist eine Ladung von 50–75 Prozent der Gesamtkapazität der Trommel eine gute Faustregel. Das sorgfältige Abwiegen des Kaffees vor und nach dem Rösten gibt zusätzlich Anhaltspunkte darüber, wie der Kaffee durchgeröstet ist. Messen Sie außerdem den Feuchtigkeitsgehalt und die Dichte des Kaffees vor dem Rösten, dann bekommen Sie ein immer besseres Gespür dafür, wie sich der Kaffee beim Rösten entwickelt.
2. Stellen Sie die richtige Temperatur an Ihrem Röster ein.
3. Wollen Sie mehr als einen Batch rösten, ist es wichtig, dass der Röstvorgang bei allen Batches gleich abläuft.
4. Füllen Sie den Kaffee in die Trommel und beginnen Sie mit dem Rösten.
5. Halten Sie immer die Zeit fest, wenn die erste Bohne eingefüllt wird.

Nach dem Rösten

Die Bohnen abkühlen

Kühlen Sie die gerösteten Bohnen auf einer kalten Platte oder in einem Metallsieb auf Zimmertemperatur ab.

Schalenreste entfernen

Beim ersten Knacken platzt die äußere Schale der Kaffeebohnen ab. Wenn Sie im Backofen oder mit einer Maschine rösten, die diese Schalenreste nicht gesondert auswirft, können Sie die Kaffeebohnen nach dem Rösten in einem Durchschlag über der Spüle durchrütteln, um sie zu entfernen. Oder reiben Sie die Bohnen nach dem Abkühlen mit Küchenpapier ab.

Aufbewahren

Die Bohnen werden trocken und dunkel aufbewahrt. Ideal ist eine Dose oder Tüte mit einem Luftventil, da auch nach dem Rösten noch Gas und Kohlendioxid aus den Bohnen austritt.

Auswerten

Probieren

Beim Cupping (siehe Seite 88) wird die Kaffeequalität kontrolliert und sein Potential entwickelt. Schnuppern Sie an dem Kaffee, wenn er trocken, gemahlen und aufgebrüht ist. Es existiert ein klarer Zusammenhang zwischen dem Röstprofil und dem Geschmack – ziehen Sie daraus Ihre Rückschlüsse.

Gewicht

Leicht und mittelstark gerösteter Kaffee verliert 11 bis 13,5 Prozent seines Gewichts, je nachdem, wie frisch der Kaffee ist. Je frischer und durchgerösteter Kaffee ist, desto leichter wird er.

Farbe

Analysieren Sie die Farbe, um zu sehen, wie stark und gleichmäßig der Kaffee geröstet wurde.

Röstprofil auswerten

Dahinter stecken unglaublich viele Informationen über Ihre Röstungen. Experimentieren und vergleichen Sie die verschiedenen Geschmacksrichtungen.

Äthiopische Röstung

Bei der äthiopischen Röstung dauert es rund 30 Minuten von rohen Kaffeebohnen bis zur fertigen Tasse. Die Bohnen werden oft in der Sonne getrocknet und im heimischen Garten angebaut. Geröstet wird über offenem Feuer in einer Röstpfanne, die abgeplatzten Schalen werden von Hand aussortiert.

1 Die Röstpfanne wird erhitzt und ungefähr zu zwei Dritteln mit Rohkaffee befüllt. Die Pfanne steht circa 10 cm über dem offenen Feuer, dabei werden die Bohnen kontinuierlich gerührt oder geschüttelt.

2 Wenn die Bohnen anfangen zu knacken, dauert es 45 Sekunden bis 1 Minute, bis sie fertig sind. Dann nimmt man sie vom Feuer.

3 Mit einem Fächer fächelt man frische Luft zum Abkühlen über den Kaffee und pustet so die Schalenreste weg. Danach wird der Kaffee in einen Mörser zu Pulver zerstoßen. In einer Kanne brüht man ihn anschließend über offenem Feuer auf.

Cupping

AUSRÜSTUNG

Gläser oder Tassen mit 200 ml Fassungsvermögen
Cupping-Löffel oder Esslöffel
Wasserkocher
Timer
Waage
Gefäß zum Ausspucken der Reste

ZUTATEN

12 g Kaffeebohnen
200 ml Wasser (93–96 °C)

Beim Cupping wird blind probiert. Die Bewertung des Kaffees hält man in einem Protokoll fest und notiert Aroma, Geschmack, Nachgeschmack, Säure, Mundgefühl, Süße und Balance. Der Kaffee wird heiß, warm und bei Zimmertemperatur verkostet und auf einer Skala von 0 bis 100 Punkten bewertet. Ein Spezialitätenkaffee darf nicht weniger als 80 Punkte haben. Nur ganz selten erreicht ein Kaffee mehr als 90 Punkte und eine höhere Bewertung gilt als Sensation.

Eine Kaffeeverkostung ist ein gutes Training für den Geschmackssinn, aber auch sehr lehrreich und unterhaltsam. Ich versuche, nie mehr als 14 Sorten Kaffee in einem Test zu verkosten. Wenn Sie das erste Mal Kaffee verkosten, fangen Sie am besten mit zwei bis fünf Tassen von verschiedenen Kaffeesorten an.

1 Suchen Sie die Kaffeesorten für den Test heraus.
2 Wiegen Sie von jeder Sorte 12 g in ganzen Bohnen ab.
3 Stellen Sie die Probiertassen in einer Reihe auf einen Tisch, am besten in Brusthöhe.
4 Nummerieren Sie die Probiertassen durch.
5 Bereiten Sie ein Protokoll mit einer Reihe für jeden Kaffee vor. Zeichnen Sie sich eine individuelle Tabelle. Ein Muster finden Sie auf der Innenseite des Schutzumschlags
6 Kochen Sie Wasser im Wasserkocher auf.
7 Mahlen Sie den Kaffee so fein wie Rohzucker und füllen Sie das jeweilige Kaffeemehl in die durchnummerierten Tassen auf dem Tisch.
8 Bereiten Sie zwei zusätzliche Tassen vor, in denen Löffel stecken, und füllen Sie diese mit heißem Wasser.
9 Beginnen Sie das Cupping unmittelbar, nachdem der Kaffee gemahlen ist, um den intensivsten Duft und Geschmack zu erhalten.
10 Riechen Sie am gemahlenen Kaffee und notieren Sie die Duftnote. Schnuppern Sie am Kaffeemehl, ohne die Tasse anzuheben oder zu bewegen, denn dabei verliert der Kaffee Aroma.
11 Stellen Sie einen Timer auf 4 Minuten.
12 Wiegen Sie 200 ml Wasser je Tasse auf der Waage ab.
13 Riechen Sie am Kaffee, wenn er durchweicht ist.

4:24.129

14 Nach 4 Minuten wird das Aufbrühen beendet, indem Sie den Kaffee dreimal umrühren. Rühren Sie kräftig, aber ohne den Löffel auf den Tassenboden zu stoßen. Halten Sie die Nase dabei direkt über die Tasse, weil beim Umrühren viel Aroma freigesetzt wird.

15 Tauchen Sie den Löffel in heißes Wasser und verkosten Sie so der Reihe nach die anderen Tassen.

16 Entfernen Sie die Crema. Das geht am einfachsten mit zwei Löffeln. Tauchen Sie die Löffel zwischen jeder Tasse in heißes Wasser.

17 Wechseln Sie das Wasser für die Löffel und trocknen Sie den Tisch, damit er schön sauber bleibt.

18 Probieren Sie den Kaffee bei Trinktemperatur. Führen Sie den Löffel mittig in die Tasse, füllen Sie ihn zu Dreiviertel und trinken Sie den ganzen Löffel auf einmal.

19 Um etwas mehr Luft zuzuführen und den Kaffee auf der ganzen Zunge zu verteilen, sollten Sie beim Verkosten gleichzeitig etwas schlürfen.

20 Tauchen Sie die Löffel zwischen allen Tassen in heißes Wasser, um die verschiedenen Kaffeesorten nicht zu vermischen.

21 Probieren Sie jede Tasse zweimal und testen Sie die ganze Testreihe auf dem Tisch, während sie noch warm ist.

22 Schreiben Sie auf, wenn etwas auffällt, wenn Sie etwas mögen oder nicht, zum Beispiel einen fruchtigen Geschmack oder ein stärkeres Schokoladenaroma.

23 Gehen Sie danach Tasse für Tasse zurück und arbeiten Sie mit dem Protokoll.

24 Spucken Sie gern nach jeder Tasse den Kaffee aus.

25 Probieren und bewerten Sie den Kaffee, wenn er heiß und warm ist sowie bei Zimmertemperatur.

26 Sprechen Sie am Ende mit den anderen Teilnehmern über Ihre Eindrücke und Bewertungen.

27 Probieren Sie den Kaffee gemeinsam. Die verschiedenen Geschmacksrichtungen kommen noch deutlicher zum Vorschein, wenn der Kaffee abkühlt.

Tipp!

- ✔ Wenn Sie ein Cupping mit vielen Personen durchführen, sollten alle in der gleichen Reihenfolge testen. Prüfen Sie den Kaffee still und machen Sie sich Notizen.
- ✔ Am besten macht man eine Kaffeeverkostung vormittags. Mundspülungen, Zahnpasta, Kaugummi, Tabak etc. betäuben die Geschmacksknospen. Vermeiden Sie diese Dinge vor einer Verkostung.
- ✔ Kaffee zu verkosten ist reine Übungssache. Gehen Sie mit möglichst offenen Sinnen daran und haben Sie keine Angst davor, »Fehler« zu machen.
- ✔ Im Kaffee stecken ungefähr 800 potenzielle Aromastoffe. (Verwenden Sie gern das SCA-Aromarad auf der Innenseite des Buchumschlages.)

Kaffee verkosten

Geschmack setzt sich aus dem Grundgeschmack und dem Aroma zusammen. Um den Grundgeschmack herauszuschmecken, hält man sich die Nase zu, wenn man isst oder trinkt. Da Kaffee ja eigentlich eine Kirsche ist, schmeckt er säuerlich und fruchtig. Die typischsten Säuren im Kaffee sind:

1. Zitronensäure mit Aromen von Zitrone und Orange.
2. Phosphorsäure, die man von Coca-Cola her kennt.
3. Milchsäure, die in Milch und Rhabarber enthalten ist.

Um mehr über Säuren zu lernen, sollten Sie einmal verschiedene Fruchttypen probieren.

Die Süße erkennen viele auf Anhieb, aber es macht auch Spaß, hierbei zu üben. Die häufigsten süßen Geschmackssorten im Kaffee sind:

1. weißer Zucker
2. brauner Zucker
3. Trauben
4. Karamell

Das Koffein im Kaffee ist von Natur aus bitter. Diese Bitternote im Kaffee kann fantastisch sein, aber auch das Ergebnis eines schlechten Kaffees. Wollen Sie eine gute Bitternote erkennen, ist Tonicwater ein guter Vergleich.

Mehr als 70 Prozent der afrikanischen Berge liegen in Äthiopien, was daher für den Anbau von Kaffee besonders geeignet ist. Der meiste Kaffee wird in Äthiopien natürlich biologisch angebaut, in manchen Gebieten wächst er sogar noch immer wild. Die Kaffeepflanzen in Plantagen werden nur sehr selten gespritzt.

Yirgacheffe ist das Kaffeemekka Äthiopiens. Hier bewirtschaften viele Kleinbauern ihre Kaffeegärten, die meist kleiner als ein Hektar sind. Das entspricht ungefähr 1500 Kaffeepflanzen, von denen jede circa 150–200 Gramm Ertrag bringt. Yirgacheffe-Kaffee schmeckt oft blumig, teeartig mit vielen Zitrustönen.

KAPITEL 3

Zubereitungsmethoden für den Kaffee zu Hause

Für eine gute Tasse Kaffee benötigt man nicht die neuesten Maschinen oder komplizierte wissenschaftliche Kenntnisse. Alles, was Sie dazu brauchen, sind eine Waage, eine Mühle, gutes Wasser, saubere Zubereitungsgeräte und – das Wichtigste von allem – ein frischer, guter Kaffee.

So wie beim Wein ist auch beim Kaffee die Herkunft interessant. Manchmal schaue ich mir Karten von Burundi, Kenia oder Äthiopien an, wenn ich einen Kaffee aus diesen Ländern trinke.

Kaffee anzubauen, erfordert viel Arbeit. Für den Anbau von richtig gutem Kaffee braucht man darüber hinaus ein großes Wissen und geeignete Bodenverhältnisse, das richtige Mikroklima, die richtigen Erntemethoden etc.. Jede kleine Entscheidung des Kaffeebauern spiegelt sich in der fertigen Bohne. Stellen Sie sich vor, wodurch der Kaffeegeschmack beeinflusst wurde, und machen Sie sich dann bewusst, dass SIE nun den letzten Schritt vornehmen: Den Kaffee nach einer Methode zuzubereiten, der am besten zum Charakter seiner Bohnen passt.

Ihre fertige Tasse Kaffee können Sie durch vieles beeinflussen. In diesem Kapitel zeige ich Ihnen, was dabei am wichtigsten ist.

Wasser

Ein Filterkaffee besteht zu 98 Prozent aus Wasser. In einem Espresso beträgt die Wassermenge mehr als 90 Prozent. Schmeckt das Wasser nicht gut, wird es auch der Kaffee nicht. Leben Sie in einer Region mit kalkhaltigem Wasser, verwenden Sie einen Wasserfilter.

Mineralien

Wasser enthält eine Menge Mineralien, von denen Magnesium und Natron am deutlichsten im Kaffee zu spüren sind. Zuviel Natron macht das Wasser sehr weich, nimmt aber dem Kaffee die Süße und die Säure. Destilliertes Wasser enthält hingegen überhaupt keine Mineralien, sodass man daraus kaum die Geschmacksstoffe aus dem Kaffee gewinnen kann. Sie können auch Mineralstoffe aus dem Labor kaufen und selbst zusetzen. So ungefähr sieht eine ideale Zusammensetzung von Mineralien aus:

IDEALWERTE
Chlor: 0 mg
Kalzium: 68 mg/Liter (akzeptabler Bereich 17–85 mg)
Alkalinität (Säurebindungsvermögen): 40 mg/Liter
pH-Wert: 7,0 (akzeptabler Bereich 6,5–7,5)
Natrium: 10 mg/Liter

Wasserhärte

Mineralstoffreiches Wasser, besonders mit Kalzium und Magnesium-Ionen, ist hart. Die Wasserhärte hat einen großen Einfluss auf den Kaffee. Hartes Wasser kann einen geschmacksarmen, flachen Kaffee verursachen und schadet zudem den Geräten. In Gebieten mit sehr hartem Wasser lohnt es sich daher, einen Filter zur Wasserenthärtung zu verwenden.

Kaffeekanne

Als ich Kind war, goss meine Mutter mit einer schwedischen »Kochkaffeekanne« mit einer breiten Öffnung das Wasser über den Kaffee im Melitta-Filter. Das Wasser floss viel zu schnell und ohne Kontrolle.

Wenn Sie von Hand filtern, empfehle ich Ihnen eine besondere Kanne mit einem langen, schmalen (Schwanenhals-) Ausguss. Mit ihr gießen Sie dicht über dem Kaffee und können sowohl langsam als auch schnell gleichmäßig ausgießen.

Wasserkocher

Damit sich alle Aromen im Kaffee voll entfalten können, muss das Wasser richtig temperiert sein. Kaffee mit heller bis mittlerer Röstung und von guter Qualität sollte mit so heißem Wasser wie möglich zubereitet werden, etwa mit 93–96 °C. Ist es über 97 °C heiß, riskiert man, dass das Kaffeemehl verbrennt. Das bedeutet nicht, dass ein bei niedrigerer Temperatur zubereiteter Kaffee nicht gut schmeckt, aber dann ist es schwieriger, alle hohen Geschmackstöne herauszulocken – insbesondere die Säure, die oft die fruchtigen Beerentöne ausmacht. Ist der Kaffee eine Spur dunkler oder sind die Bohnen weicher, können Sie die Wassertemperatur ein paar Grad reduzieren, um die Süße in der Tasse zu verstärken und das Bittere etwas zurückzunehmen, auch wenn Sie dann auf die hohen Geschmackstöne verzichten müssen.

Um die Temperatur bequem zu kontrollieren und während der Zubereitung eine gleichmäßige Wassertemperatur zu halten, verwende ich am liebsten einen elektrischen Wasserkocher. Wenn Sie sich ein Gerät neu anschaffen wollen, sollten Sie darauf achten, dass es eine ausreichend hohe Temperatur erzeugt und eine Warmhaltefunktion hat. Dass das Wasser beim Handfiltern auf gleicher Temperatur gehalten werden muss, halte ich jedoch für Firlefanz und längst nicht so wichtig wie die Wasserqualität. Wichtig ist, am Anfang der Zubereitung eine hohe Wassertemperatur zu haben.

Waage

Eine Waage benötigen Sie für folgende Schritte:

1. Für das Abwiegen der Kaffeebohnen.
2. Um die Wassermenge abzuwiegen, wenn Sie von Hand filtern. (Falls Ihre Waage keine Liter-Angabe hat: Bei Wasser sind Gramm- und Milliliter-Angaben identisch.)

Für einen guten Kaffee benötigt man auch eine Waage, um die exakte Kaffeemenge abzuwiegen. Ein Kaffeemaß ist bei weitem nicht so genau. Daher habe ich die Angaben zu den Kaffeerezepten hinten im Buch auch in Gramm angegeben. Eine Waage muss aber nicht die Welt kosten. Wenn Sie damit nur die Bohnen abwiegen, reicht ein ganz einfaches Modell. Wollen Sie die Waage auch zum Handfiltern benutzen, sollte sie auch folgende Eigenschaften besitzen:

1. Sie sollte so groß sein, dass die Kanne darauf stehen kann.
2. Sie muss schnell reagieren.
3. Sie gibt mindestens eine Kommastelle an.
4. Sie sollte wasserdicht sein.

Kaffeemühle

Den größten Schritt hin zu einem besseren Kaffee zu Hause machen Sie eindeutig, wenn Sie sich eine Kaffeemühle kaufen. Außer der Kaffeequalität selbst macht nichts einen so großen Unterschied, wie wenn Sie frisch gemahlenen Kaffee verwenden. Wenn Sie einmal eine Tüte fertig gemahlenen Kaffee gekauft haben, haben Sie sicherlich festgestellt, dass die erste Tasse noch ein intensives Aroma und viel Geschmack hatte. Am nächsten Tag hatte sie schon nicht mehr dieselbe Intensität und nach drei Tagen war der Kaffee längst nicht mehr so gut. Der Kaffee kam nämlich mit Sauerstoff in Kontakt, oxidierte und Geschmack sowie Duftstoffe lösten sich sprichwörtlich in Luft auf. Dasselbe geschieht auch mit ganzen Kaffeebohnen, nur bedeutend langsamer – so, wie ein aufgeschnittener Apfel schneller braun wird als ein ganzer. Je kürzer die Zeit zwischen dem Mahlen der Bohnen und dem Filtern des Kaffees ist, umso besser wird dieser schmecken.

Verschiedene Typen von Kaffeemühlen

Eine elektrische Mühle lässt sich genauer als eine Handmühle einstellen und hat ein besseres Mahlwerk. Auch der Frühstückskaffee ist damit blitzschnell gemahlen. Elektrische Kaffeemühlen gibt es in drei Ausführungen:

1. Mühle mit Schlagmesser
2. Mühle mit Mahlscheiben
3. Espressomühle

Eine Kaffeemühle mit einfachem Schlagmesser ist zwar preiswert, schlägt aber die Kaffeebohnen kaputt und schafft so eine ungleichmäßige Mischung aus sehr feinen und sehr groben Kaffeekörnern. Daher ist sie nicht zu empfehlen.

Kaffeemühlen mit Mahlscheiben gibt es mit und ohne Strom. Sie justieren selbst den Abstand. Teurere Modelle haben einen besseren Motor und deshalb einen noch gleichmäßigeren Mahlgrad.

Bei Espresso kommt es auf Feineinstellungen an. Dazu sollte die Kaffeemühle auf den Mikromillimeter genau eingestellt werden: eine Espressomühle.

Kauftipps zur Kaffeemühle

Beim Kauf einer Kaffeemühle sollten Sie auf zwei Dinge achten:

1. Sie muss gleichmäßig mahlen.
2. Sie muss einfach einzustellen sein.

Am wichtigsten ist, dass sie den Kaffee gleichmäßig mahlt. Enthält das Kaffeemehl zu große Körner, wird der Kaffee unterextrahiert und schmeckt sauer, sind sie zu fein gemahlen, wird er überextrahiert und bitter.

Wenn Sie das Mahlwerk einer Mühle testen wollen, mahlen Sie eine Probemenge und legen Sie das Ergebnis auf eine helle Unterlage. Wenn alle Kaffeekörner die gleiche Größe haben, dann können Sie die Mühle auch einstellen.

Die Mahlscheiben müssen ausgetauscht werden, wenn die Schneidezähne auf der Scheibe abgewetzt sind.

Kalita

Porzellanfilter mit geradem Boden und Metallfilter mit V-förmigem Boden.

Filter

Für welche Filtermethode Sie sich entscheiden, hat große Auswirkungen auf den Geschmack Ihres Kaffees. Bei Filtern gibt es im Grunde genommen drei Ausführungen:

1. Papierfilter
2. Stofffilter
3. Metallfilter

Papierfilter sind hierzulande die üblichsten Filter. Sie lassen die wasserlöslichen Partikel passieren, aber filtern die festen – den Kaffeesatz – heraus, was einen reinen, klaren Kaffee ergibt. Papierfilter haben eine unterschiedliche Stärke, sodass unterschiedlich viel hindurchlaufen kann, vom normalen Melitta- bis zum Chemex-Filter, der sehr dicht und dick ist. Es empfiehlt sich, Papierfilter vor dem Filtern mit heißem Wasser zu befeuchten, um eventuellen Papiergeschmack etwas zu mindern und für eine konstante Filtertemperatur anzuwärmen.

Metallfilter, wie man sie beispielsweise in Presskannen und im AeroPress-Kaffeezubereiter findet, filtern nicht ganz so fein, sondern sind für einige feste Partikel durchlässig. Das ergibt einen fülligeren Geschmack, den manche mögen, andere aber als »matschig« empfinden. Aber auch wasserlösliche Partikel können hier stärker passieren.

Stofffilter lassen weniger Satz durch als Metallfilter, aber mehr als Papierfilter. So erhält man beim Stofffilter den fülligen Geschmack, der Kaffee bleibt dennoch relativ klar und rein. Auch wegen der Haltbarkeit mag ich Stofffilter sehr, aber es ist schwer, einen zu finden, der nicht nur nach Stoff schmeckt.

Filterhalter

Es gibt viele Varianten und Hersteller für Filterhalter, aber man filtert den Kaffee damit immer auf die gleiche Art und Weise. Die Herausforderung liegt darin, dass das gesamte Kaffeemehl gleich viel extrahiert.

In einem Filterhalter mit geradem Boden (wie links) liegt das Kaffeemehl platt auf dem Boden, und so ist es leicht, den Kaffee gleichmäßig zu extrahieren. Beim Filterhalter mit V-förmigem Boden (wie rechts) liegt weniger gemahlener Kaffee unten am Boden des Filters und mehr zur Öffnung hin, was es schwieriger macht, den Kaffee gleichmäßig aufzugießen.

Tassen

Es spielt eine größere Rolle als man denkt, woraus man den Kaffee trinkt. Nicht nur Farbe und Form des Gefäßes, sondern auch Assoziationen und Geschmackserinnerungen an bestimmte Tassen oder Gläser beeinflussen den Trinkgenuss.

Dicke oder dünne Tassen?

Charles Spencer, Professor für experimentelle Psychologie am Somerville College in Oxford, hat den Zusammenhang zwischen Berührung und Geschmack aufgezeigt. Hält man beim Trinken dünnes, kaltes Metall in Händen, assoziiert das Gehirn den Geschmack mit metallisch und dünn. Würde man stattdessen warme Baumwolle berühren, würde man den Kaffee als weicher und wärmer empfinden.

Trinkt man aus einer dicken Tasse, dann erwartet man auch einen kräftigeren Geschmack, was zu einem vollmundigen Kaffee aus Bohnen etwa aus El Salvador, Brasilien oder Bolivien passt. Trinkt man im Gegensatz dazu aus einer dünnen, eleganten Tasse, empfindet man auch den Kaffee als leichter. Dazu sind dann Kaffeesorten aus Äthiopien und Kenia sowie Varietäten der Geisha-Bohne passender.

Man kann auch einen gefühlsmäßigen Zusammenhang zwischen Berührung und Geschmack erkennen. Wenn ich zum Beispiel im Wald Kaffee aus einer Thermoskanne trinke, assoziiere ich sofort heiße Schokolade, denn die habe ich in meiner Kindheit jedes Wochenende in unseren Wäldern getrunken.

Auch die Größe der Tasse beeinflusst das Empfinden. Da Kaffee zu 75 Prozent aus Aromastoffen besteht, werden in einer schmaleren Tasse die Duftstoffe stärker konzentriert und geben einen besseren Kaffeegenuss als eine breitere Tasse.

Farbe der Tassen

Einige Menschen können Farben schmecken. Nach einer Studie der brasilianischen Neuropsychologin Fabiana Carvalho gibt es einen deutlichen Zusammenhang zwischen einer Farbe und dem erlebten Geschmack. Die meisten von uns assoziieren zum Beispiel Gelb mit sauer, Türkis mit Minze und Rot mit süß. Trinkt man also Kaffee aus einer roten Tasse, empfindet man den Kaffee als süßer, zumindest wenn er auch etwas Süße enthält. Fehlt diese, wird man enttäuscht, weil das Gehirn eine Süße erwartet, die sich nicht in der Tasse finden lässt.

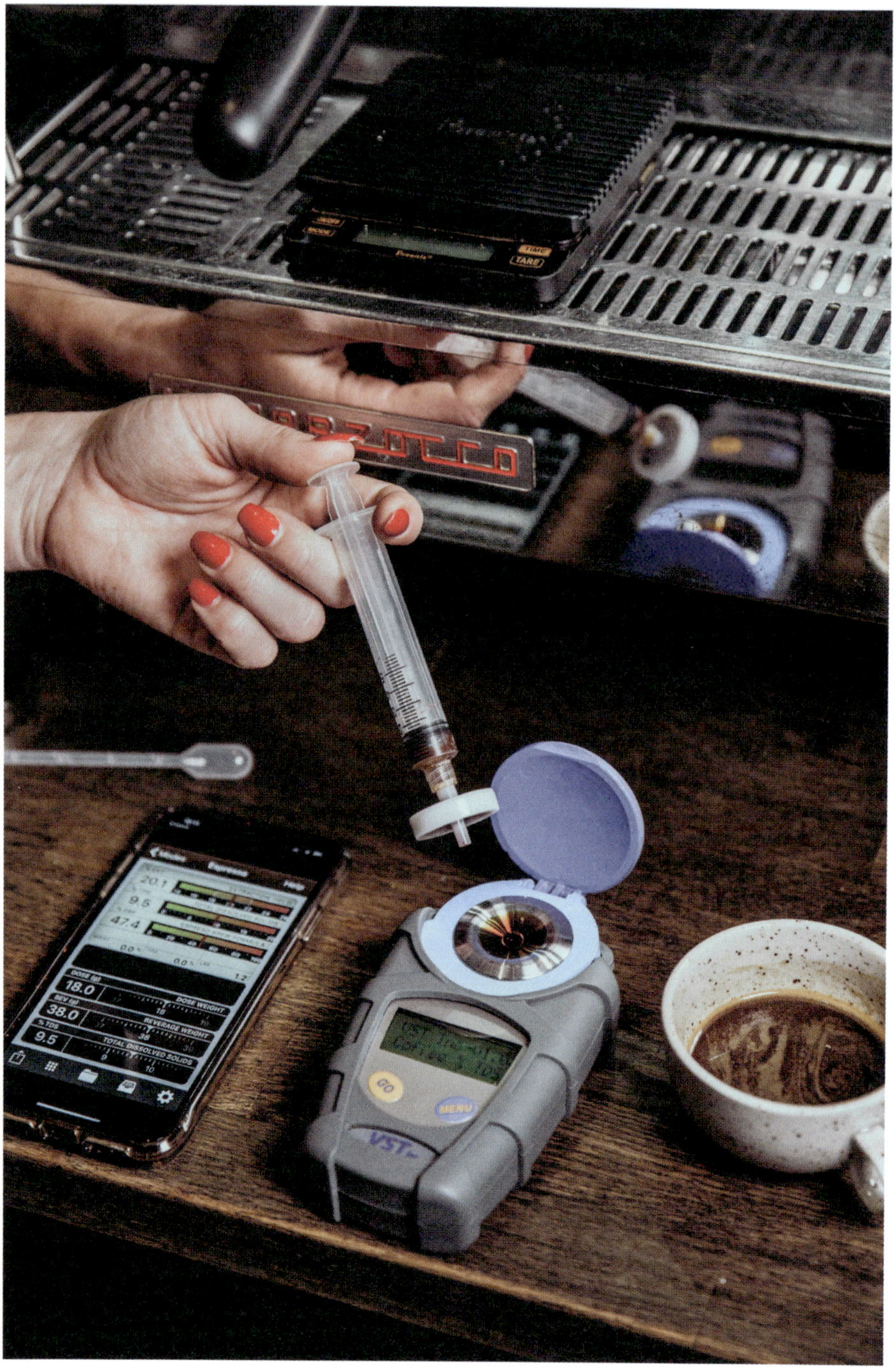
TARE
MODE
20.1
9.5
47.4
18.0
DOSE WEIGHT
38.0
BEVERAGE WEIGHT
9.5
TOTAL DISSOLVED SOLIDS
GO
MENU
VST

So funktioniert das Filtern

Wenn Sie alle Utensilien bereitgestellt haben, müssen Sie nur noch entscheiden, wie Sie Ihren Kaffee zubereiten wollen. Dazu erhalten Sie im Folgenden einiges Wissenswerte zur Zubereitung.

Stärke

Der Röstgrad des Kaffees beeinflusst nur den Geschmack. Eine dunklere Röstung kann aschige Noten ergeben, aber der Kaffee ist nicht stärker und hat auch keinen höheren Koffeingehalt als durch hellere Röstung.

Brührate

Damit wird die Wasser- im Verhältnis zur Kaffeemenge definiert. Zuerst legen Sie fest, wie viel gefilterten Kaffee Sie benötigen und berechnen davon ausgehend die Menge des Kaffeepulvers. Für Filterkaffee empfehle ich 60–65 Gramm Kaffeepulver pro Liter Wasser. Bei Espresso sollte es eine Brührate von 1–2 sein, d. h. 18 Gramm Kaffeebohnen ergeben 36 Milliliter Kaffee in der Tasse.

Extraktion

Durch Extraktion wird Kaffee im Wasser aufgelöst. Kaffeebohnen bestehen meist aus nichtlöslicher Zellulose, auch als Kaffeesatz bezeichnet. Was zum eigentlichen Kaffee wird, sind die wasserlöslichen Stoffe, die ungefähr 18–22 Prozent des gemahlenen Kaffees ausmachen. Wie viel Kaffee extrahiert, können Sie durch die Filterzeit und den Mahlgrad steuern. Je feiner der Mahlgrad, desto einfacher ist es für die Geschmacksstoffe, im Wasser zu extrahieren. Ein unterextrahierter Kaffee schmeckt schwach und sauer, während ein überextrahierter bitter und scharf sein kann. Welche Extraktion am besten schmeckt, hängt auch von den Kaffeebohnen und den Röstungen ab.

Die Extraktion wird mit einem besonderen Refraktometer gemessen. Der Wert dieser Kaffee-Lösungskonzentration wird als total dissolved solids (TDS) bestimmt.

KAPITEL 4

Rezepte

An manchen Tagen ist der Frühstückskaffee der einzige ruhige Moment des Tages. Kaffee bringt Verwöhnmomente ins Haus. Man kann sich mit verschiedenen Methoden einen guten Kaffee zu Hause zubereiten. Suchen Sie sich aus, was Ihnen am meisten zusagt, und probieren Sie die folgenden Rezepte aus.

Filterkaffee

Filterkaffee ergibt eine reine und klare Tasse, in der alle Geschmacksrichtungen deutlich erkennbar sind, etwa so, wie wenn man Wein mit perfekter Trinktemperatur serviert.

Der klassische Melitta-Filter ist allgemein bekannt, aber heutzutage gibt es jede Menge unterschiedliche Kaffeefilter – von Papier über Stoff bis zu Metall und in zahlreichen Formen.

Trotz der Renaissance des Filterkaffees in den vergangenen zehn Jahren, macht er beim Verkauf in den Cafés mit Spezialitätenkaffee nur 10 bis 30 Prozent aus.

Als wir 2009 das Café eröffneten, bohrten wir Löcher in die Theke, um neun Melitta-Filter aufzustellen. Keiner von uns konnte mehr als drei Tassen Kaffee gleichzeitig aufbrühen, aber wir wollten damit unseren Gästen zeigen, welchen Ursprung der Kaffee hat.

Manuelle Zubereitung

Auf den folgenden Seiten erhalten Sie Tipps zur Zubereitung von Hand und mit elektrischen Kaffeemaschinen. Auch wenn Sie mit einer klassischen Maschine eine richtig gute Tasse Kaffee machen können, wird er immer am besten, wenn Sie sich eine Tasse von Hand aufgießen.

Bei der manuellen Zubereitung können Sie den Ablauf besser kontrollieren. Sie können bestimmen, wie lange die Kontaktzeit des Kaffees mit dem Wasser ist, die Geschwindigkeit anpassen, die Gießrichtung kontrollieren und beliebig lange warten, bevor Sie mehr Wasser zugießen. Sie können auch darauf achten, dass Sie stets neues Wasser zugießen, bevor das alte durchgelaufen ist, damit der Kaffee beim Aufbrühen nicht austrocknet. Mahlgrad, Sorte und Kaffeemenge gehen mit Ihrer Aufgusstechnik Hand in Hand und machen zum Schluss die fertige Tasse Kaffee aus.

Ich finde, dass das Handfiltern irgendwie etwas Schönes und Verspieltes hat, und glaube, dass die meisten eine Methode finden, die sie mögen.

Made in
JAPAN

Kalita

SIE BENÖTIGEN
Waage
Mühle
Glaskanne
Ausgusskanne
Kalita-Filter

ZUTATEN
32 g Kaffebohnen
500 ml frisches Wasser (93–96 °C)

BRÜHZEIT
3½–4 Minuten

Kalita ist eine japanische Marke, die Handfilter, Kaffeekannen, Filterhalter und sonstiges Zubehör herstellt. Alle Handfilter haben einen platten Boden, bei dem Sie leicht die Wassermenge, die über das Kaffeemehl fließt, kontrollieren und so gleichmäßig filtern können.

1. Vor dem Aufgießen das Filterpapier mit warmem Wasser wässern. Damit spülen Sie einen eventuellen Eigengeschmack des Papiers ab und wärmen auch gleichzeitig den Filterhalter auf.
2. 30 g Kaffeebohnen abwiegen und eine Spur feiner mahlen als für eine normale Kaffeemaschine.
3. 70 ml Wasser über das Kaffeemehl gießen, darauf achten, dass der ganze Kaffee durchweicht und damit überbrüht wird.
4. 25–30 Sekunden warten, bis der Kaffee das Kohlendioxid abgesondert hat, je nachdem, wie frisch er geröstet ist. Wenn der Kaffee nicht mehr »blubbert«, dann weiter Wasser aufgießen, bis es insgesamt 200 ml sind.
5. Nach 1 Minute aufgießen, bis es insgesamt 300 ml sind. Dabei darf der Kaffee nie austrocknen, immer neues Wasser nachgießen, bevor das alte ganz durch den Filter gelaufen ist. Vermeiden Sie, an den Rändern aufzugießen und überbrühen Sie die gesamte Kaffeemenge.
6. Nach weiteren 1½ Minuten auf 400 ml aufgießen.
7. Mit der letzten Portion Wasser nach 2 Minuten auf 500 ml aufgießen.
8. Den Filter wegstellen.
9. Filter abtropfen lassen und Kaffeesatz sowie Filterpapier kompostieren.
10. Den Kaffee umrühren und in Ihrer Lieblingstasse servieren.

Chemex

SIE BENÖTIGEN
Waage
Mühle
Chemex-Glaskaraffe
Chemex-Papierfilter

ZUTATEN
62–64 g Kaffeebohnen
1 l frisches Wasser (93–96 °C)

BRÜHZEIT
3–3½ Minuten

Die formschöne Chemex-Glaskaraffe auf den Tisch zu stellen, signalisiert Handwerk und Eleganz. Ich bereite mit Chemex zu, wenn ich Kaffee für mehr als zwei Personen mache – oder für zwei Personen, die viel Kaffee trinken.

1. Den Chemex-Papierfilter mittig falten und dabei das dritte und vierte Blatt kegelförmig hineindrücken.
2. Das Filterpapier reichlich mit heißem Wasser ausspülen, um den Eigengeschmack des Papiers zu entfernen und die Karaffe aufzuwärmen.
3. Das Wasser aus der Karaffe ausgießen, dabei den Filter sitzen lassen.
4. 62 g Kaffeebohnen abwiegen und diese eine Spur gröber als Haushaltszucker mahlen.
5. Den gemahlenen Kaffee in den Filter geben.
6. Die Karaffe auf die Waage stellen und circa 65 ml Wasser auf den Kaffee gießen, dabei darauf achten, dass alles durchweicht wird.
7. Den Kaffee circa 25–30 Sekunden ziehen lassen, um das Kohlendioxid freizusetzen, damit der Kaffee leichter extrahieren kann. »Der Kaffee blüht«, sagt man auch, weil er dabei aufquillt. Weiter aufgießen, bevor der Kaffee durchläuft.
8. 200 ml Wasser in einem gleichmäßigen Strahl über den Kaffee gießen und 30–45 Minuten warten.
9. Die restliche Wassermenge in einem gleichmäßigen Strahl über den Kaffee gießen.
10. Die gesamte Wassermenge sollte in 3–3½ Sekunden durchgelaufen sein.
11. Den Papierfilter herausnehmen und zusammen mit dem Kaffeesatz kompostieren.
12. Vor dem Eingießen die Chemex-Karaffe einmal leicht schwenken, damit der Kaffee gleichmäßig ist und sich nichts abgesetzt hat.
13. Genießen Sie!

bonavita

AeroPress

SIE BENÖTIGEN
Waage
Mühle
Glas- oder Thermoskanne bzw. Becher
AeroPress
AeroPress-Filter
Ausgusskanne (für präzises Gießen, ist aber kein Muss)
Timer

ZUTATEN
16 g Kaffeebohnen
200 ml frisches Wasser (93–96 °C)

BRÜHZEIT
3½–4 Minuten

Die AeroPress ist eine feine Sache, damit kann man schon einen richtig guten Kaffee machen. Er lässt sich auch leicht reinigen und eignet sich sehr gut für unterwegs. Bei der AeroPress presst man die Luft mit einem Kolben und drückt damit den Kaffee durch einen Papierfilter. Dieser Druck ist zwar nicht mit dem einer Espressomaschine vergleichbar. Aber es macht Spaß, mit unterschiedlichen Wassertemperaturen, Brühraten und Mahlgraden zu experimentieren. Man kann die AeroPress entweder invertiert verwenden – dann wird sie auf den Kopf gestellt – oder normal wie auf dem Foto links.

1. Den Papierfilter in den Filterbehälter legen und die Öffnung schließen.
2. Den Filter mindestens 5 Sekunden unter laufendem warmem Wasser spülen, wenn er auf der AeroPress sitzt.
3. Frisches Wasser aufkochen.
4. 16 g Kaffeebohnen abwiegen, etwas feiner als für Filterkaffee mahlen und das Pulver in die AeroPress geben.
5. Die AeroPress auf die Kanne stellen in die Sie filtern wollen. Darauf achten, dass die Öffnung passt. Zur AeroPress gibt es auch einen Trichter für schmalere Öffnungen.
6. Beides auf die Waage und diese auf Null stellen.
7. 32–35 ml heißes Wasser (96 °C) aufgießen und das Gerät mit schnellen Bewegungen pendeln, sodass der Kaffee durchweicht wird.
8. Lassen Sie ihn 30 Sekunden stehen, damit das Kohlendioxid freigesetzt wird.
9. Danach weiter bis auf 200 ml Wasser nachgießen.
10. Den Kaffee im Kreis mit einem Esslöffel umrühren und dann den »Deckel« aufsetzen. Dadurch entsteht ein Vakuum, sodass der Kaffee nicht durch den Filter tropft.
11. Nach insgesamt 2 Minuten langsam den oberen Kolben in gleichmäßigem Tempo nach unten drücken, sodass der Kaffee in die Kanne gepresst wird.

Kaffeemaschine

SIE BENÖTIGEN
Waage
Mühle
Warmhaltekanne
Kaffeemaschine
Papierfilter

ZUTATEN
62–64 g Kaffeebohnen
1 l frisches Wasser

Mit einer Kaffeemaschine erhält man viele Tassen Kaffee innerhalb kurzer Zeit bei minimaler Anstrengung. Aber lassen Sie den Kaffee nicht auf der Warmhalteplatte stehen sondern gießen Sie ihn in eine vorgewärmte Warmhaltekanne. Rühren Sie auch immer wieder um, bevor Sie nachschenken. Sogar in unserem Café haben wir eine Warmhaltekanne mit fertigem Kaffee, damit die Gäste immer schnell einen Kaffee bekommen können. Um mit einer Kaffeemaschine einen guten Kaffee zu machen, ist es wichtig, dass die Maschine sauber ist und das Wasser die richtige Temperatur hat. Ist sie zu niedrig, werden nicht alle Geschmacksstoffe im Kaffee gelöst.

1. Den Papierfilter in den Filterhalter setzen und mit warmem Wasser wässern, um den Eigengeschmack des Papierfilters wegzuspülen.
2. 62 g Kaffeebohnen abwiegen und etwas feiner als Haushaltszucker mahlen. Je größer die gewünschte Kaffeemenge ist, desto gröber können Sie den Kaffee mahlen.
3. Das Kaffeepulver gleichmäßig in den Filter füllen.
4. Die Maschine einschalten.
5. Achten Sie darauf, dass der gesamte Kaffee durchweicht wird, ansonsten schnell mit einem Löffel durchrühren.
6. Den Brühvorgang beenden.
7. Den Filterhalter abnehmen und abtropfen lassen.
8. Steht der Kaffee auf einer Warmhalteplatte, wird er leicht sauer und bitter, deshalb nicht dort stehenlassen.
9. Den Kaffee in eine Warmhaltekanne umfüllen.
10. Papierfilter und Kaffeesatz kompostieren.
11. Nun können Sie den Kaffee servieren.

TIPP:
Eines der größten Probleme mit Kaffeemaschinen ist, dass der Kaffee einfach nur nach »Kaffeemaschine« schmeckt. Spülen und reinigen Sie deshalb Ihre Maschine nach jeder Anwendung und machen Sie monatlich eine Intensivreinigung mit speziellen Kaffeemaschinenreinigern.

75g
1.25
65g
1
50g
0.75
33g
0.5
17g
0.25

Kaffee fürs Büro

SIE BENÖTIGEN
Waage
Mühle
Warmhaltekanne
Kaffeemaschine
passende Papierfilter

ZUTATEN
125 g Kaffeebohnen
2,1 l frisches Wasser

Ein guter Kaffee macht den Büroalltag behaglich und wirkt immer einladend. Leider findet man aber in vielen Büros dicke Kaffeeautomaten, die ein Vermögen kosten und trotzdem keinen besonders guten Kaffee spenden. Ich würde empfehlen, stattdessen in eine kleine Mühle zu investieren, um ganze Bohnen zu mahlen, und eine größere Maschine anzuschaffen. Nach dem Filtern gießt man den Kaffee dann in eine Warmhaltekanne um, die jede Stunde gewechselt wird, und rührt den Kaffee vor jedem Ausgießen neu durch. Kaufen Sie dann am besten den Kaffee von einer Mikrorösterei. Viele Röstereien bieten Abonnements an, mit denen man jede Woche oder jeden Monat frischen Kaffee geliefert bekommt.

1. Morgens zuerst das restliche Wasser vom Vortag ausleeren, indem man ein oder zwei Durchgänge nur mit Wasser laufen lässt. Der Kaffee sollte aus Geschmacksgründen immer mit frischem Wasser zubereitet werden.
2. Papierfilter in den Filterhalter setzen.
3. 125 g Kaffeebohnen abwiegen und etwas feiner als Haushaltszucker mahlen.
4. Den gemahlenen Kaffee gleichmäßig in den Filterhalter füllen.
5. Die Maschine anstellen und falls möglich wählen, ob es eine große oder kleine Kanne sein soll.
6. Filterbehälter entfernen und abtropfen lassen.
7. Die Warmhaltekanne zuschrauben und zum Servieren herausstellen.
8. Notieren Sie auf einem kleinen Schild die Uhrzeit der Zubereitung und die Kaffeesorte.
9. Der Kaffee setzt sich in der Warmhaltekanne ab. Deshalb muss er vor dem Ausgießen umgerührt werden.

TIPP:
Vom Bürokaffee bleibt immer etwas übrig. Filtern Sie deshalb nicht mehr, als Sie trinken wollen. Eventuelle Reste können in Glasflaschen im Kühlschrank zum Kalttrinken aufbewahrt werden.

Eiskaffee

SIE BENÖTIGEN

Glaskanne, z. B. Hario V60 oder Kalita
Waage

ZUTATEN

16 g Kaffeebohnen
250 ml frisches Wasser (93–96 °C)

Ein Kaffee, der mit heißem Wasser gefiltert wird und dann abkühlt, wird immer besser als ein kalt gefiltert. Denn erst bei einer Wassertemperatur von 93–96 °C können süße und saure Geschmacksstoffe im Kaffee maximal extrahieren, besonders bei einem heller gerösteten Kaffee. Kaffee, der mit kaltem Wasser gefiltert wird, hat häufig einen holzigen Beigeschmack. Wenn Eiskaffee länger als 24 Stunden steht, bekommt er auch einen leichten Cognacgeschmack.

1. Den Kaffee mit Kalita oder V60 filtern (siehe Rezept auf Seite 119).
2. Den Filterkaffee dann kalt in den Kühlschrank stellen. Mindestens 8 Stunden vor dem Servieren kühlen.
3. In einem Glas mit Eiswürfeln servieren.

TIPP:

Eiskaffee kann auch nach dem Filtern in einem Sodastreamer mit Kohlensäure versetzt werden. Oder man mixt ihn mit einem Schuss Tonicwater und einer Zitronenscheibe.

for hot water

Zubereitungen ohne Filter

Eine Zubereitung ohne Filter hat durchaus Vorteile: Man hat keinerlei Eigengeschmack des Filters, zum Beispiel nach Papier, und man muss keine Einwegartikel verwenden. Wird der Kaffee nicht gefiltert, enthält er auch mehr Kaffeefette und kleine -partikel in der Tasse. Er hat dann zwar eine weniger reine Geschmacksnote, dafür aber einen kräftigen, vollmundigen Kaffeegeschmack.

Immersion contra Drip

Die Zubereitungsmethoden in diesem Kapitel hätte ich auch aufteilen können in »Immersion« und »Drip«. Bei der ersten Methode wird der Kaffee ganz ohne Filter zubereitet, während »Drip« einen Filter verwendet. Die AeroPress und auch Slowdrip sind jedoch zwei Zubereitungsmethoden, die eine Mischung von Immersion und Drip darstellen, denn sie verwenden zwar Filter, aber der Kaffee steht und zieht im Wasser.

Drip

Drip bedeutet, dass das Wasser in einem Filter langsam durch den gemahlenen Kaffee tröpfelt und die Kaffeepartikel im Wasser gelöst werden. Bei der Drip-Zubereitung hat das Wasser eine kurze Kontaktzeit mit dem Kaffee und muss dafür feiner gemahlen werden als bei der Immersion. Bei einem feineren Mahlgrad ist die totale Kontaktfläche mit dem Kaffee größer und die Kaffeepartikel können sich schnell im Wasser lösen, wenn sie durchlaufen. Beispiele für Drip-Verfahren sind Filterkaffee, Drip, Espresso.

Immersion

Beim Immersionsverfahren steht der gemahlene Kaffee im Wasser und zieht eine gewisse Zeit. Weil er dabei eine längere Kontaktzeit mit dem Wasser hat, mahlt man ihn gröber als für Drip. Die Stärke des Kaffees ist aber für beide, Drip und Immersion, dieselbe. Beispiele für Immersionsverfahren: Kochkaffee, Stempelkanne, Coldbrew.

Stempelkanne

SIE BENÖTIGEN
Waage
Mühle
Stempelkanne
Servierkanne oder Warmhaltekanne
Esslöffel
Timer

ZUTATEN
32 g Kaffeebohnen
500 ml frisches Wasser (96 °C)

Wie auch bei Kochkaffee und der AeroPress ist die Stempelkanne eine Zubereitung, bei der der Kaffee im Wasser eine Weile steht und zieht, bevor man den Vorgang beendet. Auf diese Art und Weise tropfen mehr Öle aus dem Kaffee, was ihn körperreicher und vollmundiger macht. Für die Stempelkanne werden die Bohnen gröber gemahlen und der Kaffee hat eine längere Kontaktzeit. Sowohl fruchtigere als auch schokoladenartige Geschmacksrichtungen passen dabei gut, probieren Sie Ihren Lieblingsgeschmack aus.

1. Das Wasser für die Zubereitung aufkochen. Etwas davon in die Warmhaltekanne (oder eine andere Servierkanne) zum Aufwärmen gießen und die Kanne mit dem Deckel verschließen.
2. 32 g Kaffeebohnen abwiegen und etwas gröber als für Filterkaffee mahlen.
3. Den gemahlenen Kaffee in die Stempelkanne füllen und diese auf die Waage stellen.
4. Den Timer starten und 500 ml Wasser über den Kaffee gießen, dabei darauf achten, dass die ganze Kaffeemenge im Wasser steht.
5. 4 Minuten ohne Deckel ziehen lassen.
6. Den Vorgang beenden, indem der Kaffee umgerührt und dabei die Crema aufgebrochen wird. Sie verändert dabei ihren Farbton von Dunkelbraun zu einem helleren Braun. Dreimal bis zum Boden der Stempelkanne sorgfältig durchrühren.
7. Mit einem Esslöffel die Crema abnehmen und in den Ausguss schütten. Sie enthält Fette und vor allen Dingen die Bitterstoffe des Kaffees, die man nicht in der Tasse haben möchte.
8. Den Deckel der Kanne aufsetzen und den Filter langsam und gleichmäßig hinunterdrücken.
9. Anschließend direkt in die Tassen oder in die vorgewärmte Servierkanne bzw. Warmhaltekanne umfüllen. Vergessen Sie nicht, das Aufwärmwasser vorher auszugießen!
10. Setzen Sie sich und genießen Sie Ihre Tasse Kaffee.

3
TIMEMORE
ENJOY SLOW LIVING
2
1
for hot water

Kochkaffee

SIE BENÖTIGEN
Waage
Mühle
Warmhaltekanne
Kochkaffeekessel mit einem Filter für den Kaffeesatz am Ausguss

ZUTATEN
65 g Kaffeebohnen
1 l frisches Wasser

Hier machen wir einen Ausflug in meine schwedische Heimat: Der »Kokkaffe« gehört nämlich zu den schwedischsten Traditionen, die wir haben. Auch heute noch sagen viele »ich setze einen Kessel Kaffee auf«, auch wenn sie längst einen modernen Kaffeeautomaten benutzen. Wir alle kennen noch die alten Kochkaffeekessel unserer Großeltern. Kochkaffee kann man genauso gut im Wald über dem offenem Feuer, aber auch am heimischen Herd zubereiten. Beim Kochkaffee werden keine Öle herausgefiltert, was ihn so kräftig und vollmundig macht. Alle Bohnensorten und Röstungen eignen sich für diese Methode. Ich liebe besonders einen kenianischen Kaffee mit hoher Säure dafür, die ihn so vollmundig macht.

1 1 l Wasser im Kaffeekessel aufkochen.
2 65 g Kaffeebohnen abwiegen und etwas gröber als für Filterkaffee mahlen.
3 Die Platte (oder den Kocher) abstellen und die Kanne auf der Nachhitze stehen lassen.
4 Den Deckel des Kessels abnehmen und das Wasser noch ein paar Grad abkühlen lassen.
5 Den frisch gemahlenen Kaffee einfüllen.
6 Umrühren, damit das ganze Kaffeemehl durchnässt wird.
7 Den Deckel wieder aufsetzen und noch 4–4½ Minuten ziehen lassen.
8 Fünfmal gründlich umrühren und den Deckel wieder aufsetzen.
9 Den Kaffee noch 1 Minute stehen lassen, damit der Satz auf den Kesselboden absinken kann.
10 Den Kaffee sehr vorsichtig aus der Kanne gießen, damit kein Satz in die Tasse gelangt.
11 Der Kaffeekessel kann auf dem Tisch stehen bleiben, er bleibt lange warm.
12 Traditionell trinkt man in Schweden den Kaffee aus dünnen Porzellantassen. Dadurch kühlt er schneller ab und schmeckt sehr aromatisch. Auch für die Lippen ist es ein äußerst angenehmes Gefühl, aus dünnem Porzellan zu trinken.

Coldbrew

SIE BENÖTIGEN

Coldbrew-Flasche, z.B. von Hario, ersatzweise eine einfache Glasflasche
Waage

ZUTATEN

65 g Kaffeebohnen
750 ml frisches, kaltes Wasser

Coldbrew eignet sich gut für einen fruchtigen Kaffee mit Beerenaroma, der viel Säure hat, wie zum Beispiel Kaffee aus Kenia. Mir schmeckt ein Coldbrew am Tag nach seiner Zubereitung am besten. Danach schmeckt er mehr und mehr nach Alkohol. Nach einer Woche hat er einen Nachgeschmack von Cognac. Coldbrew schmeck leicht holzig, was sich nur schwer vermeiden lässt, egal wie man ihn zubereitet.

1. 65 g Kaffeebohnen abwiegen und sehr grob mahlen, fast so körnig wie Meersalz.
2. Den gemahlenen Kaffee in den Filter füllen und den Filter auf die Flasche setzen.
3. Das frische kalte Wasser übergießen.
4. Die Flasche schütteln, um die Extraktion in Gang zu bringen.
5. Die Flasche 8 Stunden in den Kühlschrank stellen.
6. Den Filter von der Flasche nehmen.
7. In Gläsern mit ein paar Eiswürfeln servieren.

TIPP:

Wenn Sie eine normale Glasflasche ohne Filter verwenden, können Sie den gemahlenen Kaffee direkt in das kalte Wasser geben und acht Stunden ziehen lassen. Beenden Sie den Vorgang, indem Sie den Kaffeesatz absieben. Füllen Sie dann den Kaffee in eine saubere Flasche oder in Serviergläser um.

Cascara-Sirup

ZUTATEN
100 g Cascara (getrocknete Schalen der Kaffeekirschen)
750 ml frisches kaltes Wasser
75 g Haushaltszucker

CASCARA-TONIC
25 ml Cascara-Sirup
evtl. 1 Zitronenscheibe
Eis

Cascara ist eine Bezeichnung für die getrockneten Schalen der Kaffeekirschen. Man sollte dafür nur Bio-Ware verwenden, die nicht mit Pestiziden belastet ist. Der Sirup kann auf Vorrat hergestellt und eine Woche aufbewahrt werden. Sie können ihn beispielsweise zu Cascara-Tonic oder Cascarate verwenden.

1. Cascara in eine Schüssel geben und die Schalen mit Wasser übergießen.
2. Bei Zimmertemperatur 3 Stunden stehen lassen.
3. In einen Topf schütten, den Zucker hinzufügen und 10 Minuten kochen lassen. Gelegentlich umrühren.
4. Absieben, abkühlen lassen und in eine sorgfältig gereinigte Flasche mit gut schließendem Deckel umfüllen.
5. Im Kühlschrank aufbewahren.

CASCARA-TONIC

1. Ein Glas mit 200 ml Fassungsvermögen fast ganz mit Eis füllen.
2. Nach Wunsch eine Zitronenscheibe darauflegen und mit Cascara-Sirup übergießen.
3. Sofort servieren.

Cascara-Kombucha

ZUTATEN
1 l Wasser
15 g Cascara (getrocknete Schalen der Kaffeekirschen)
175 g Zucker
1 Scoby (Kombucha-Pilz)
250 ml Startflüssigkeit

SIE BENÖTIGEN
großes Glas
Küchenhandtuch
Gummiring
Thermometer
kleines Glas
Glasflaschen mit Korken

Dies ist ein Rezept für eine selbst hergestellte Kombucha, die mit Cascara fermentiert wird. Besorgen Sie sich im Bekanntenkreis einen Kombucha-Pilz oder bestellen Sie ihn im Onlinehandel.

1. Achten Sie darauf, dass alle Gegenstände gründlich gereinigt sind, sonst können die falschen Bakterien in der Kombucha wachsen.
2. Das Wasser aufkochen und auf circa 90 °C abkühlen.
3. Cascara hinzufügen und 5–7 Minuten als Cascara-Infusion ziehen lassen.
4. Cascara aus dem Aufguss absieben.
5. Den Zucker hinzufügen und verrühren, bis er sich vollständig aufgelöst hat.
6. Die Flüssigkeit in das Glas umfüllen und auf 24–29 °C abkühlen lassen.
7. Den Kombucha-Pilz (Scoby) vorsichtig in das Glas legen und die Startflüssigkeit darübergießen.
8. Das Glas mit einem Küchenhandtuch abdecken und das Tuch mit einem Gummiring fixieren.
9. Das Glas an einen dunklen Ort bei einer Temperatur von 24–29 °C stellen.
10. Kombucha 7–20 Tage zum Fermentieren stehen lassen.
11. Nach 5 Tagen den Geschmack testen. Wenn die Kombucha noch zu süß schmeckt und es an Säure fehlt, muss sie noch länger stehen bleiben. Täglich probieren, bis der gewünschte Geschmack erreicht ist.
12. Schmeckt die Kombucha nach Ihrem Wunsch, kann sie in Flaschen abgefüllt werden.
13. Etwa 250 ml Kombucha in ein kleineres Schraubglas füllen und den Pilz (aus dem nun zwei geworden sind) mit hineingeben. Für den nächsten Aufguss aufbewahren.
14. Die restliche Kombucha in Flaschen abfüllen.
15. Soll die Kombucha mit Kohlensäure versetzt sein, lässt man die Flaschen weitere 2–4 Tage bei Zimmertemperatur stehen, bevor sie im Kühlschrank gestellt werden.
16. Die Cascara-Kombucha im Kühlschrank aufbewahren. In eleganten, dünnen Gläsern mit ein paar Eiswürfeln servieren.

Cascara
Kombucha
Started 2/4

Espresso

Ich habe lange überlegt, ob ich diesem Buch ein Kapitel zum Thema Espresso beifügen soll. Eigentlich finde ich, dass man Espresso nur in einem Café trinken sollte. Teure Geräte sind dazu erforderlich, die auch gepflegt werden müssen. Auch wenn Sie Ihre Maschine nicht täglich verwenden, muss sie trotzdem regelmäßig gereinigt werden, weil die Mineralien im Wasser kristallisieren und die Maschine ruinieren können. Außerdem kann es lange dauern, bis man die richtigen Einstellungen beherrscht. Das vergeudet Wasser, Strom und Kaffee. Aber es ist auch eine tolle Sache, sich zu Hause einen Espresso zubereiten zu können.

Röstung

Einen Mythos will ich gleich widerlegen: Espressokaffee muss nicht anders geröstet werden als Filterkaffee. Früher röstete man die Bohnen besonders stark, um die schlechte Qualität der Bohnen zu vertuschen. So haben wir uns beim Espresso an ein intensives Aroma mit vielen Bitterstoffen, wenig Säure und kräftig-vollmundigem Geschmack gewöhnt. Aber eigentlich sollte Espresso genau anders schmecken. Suchen Sie sich einen Kaffee aus, den Sie mögen, und machen Sie daraus Ihren Espresso. Eigentlich ist Espresso eine Methode wie jede andere. Hier wird nur mit hohem Druck gefiltert, was eine höhere Intensität in der Tasse ergibt. Wenn man Filterkaffee mit einem Wein vergleicht, der reine und deutliche Geschmacksnoten hat, dann gleicht der Espresso mehr einem Cognac oder Portwein. Genau wie bei allen anderen Zubereitungsmethoden kommt es darauf an, das Maximum aus dem einzigartigen Charakter des Kaffees herauszuholen. Verwenden Sie einen fruchtigen Kaffee mit hoher Säure und heben Sie diese hervor, statt etwas damit zu versuchen, was er nicht hergibt. Arbeiten Sie mit den potenziellen Geschmacksrichtungen des Kaffees, nicht gegen diese.

Brühmenge

Generell bevorzuge ich beim Espresso eine Brühmenge von 1 g Kaffee auf 2–2,2 ml fertigen Kaffee. Das bedeutet beispielsweise bei 18 g gemahlenem Kaffee einen Espresso von 38 ml. Das exakte Mengenverhältnis hängt jedoch auch von der Sorte der Bohnen ab. Hier einige der Rezepte aus unserem Drop-Coffee-Café:

Kenia, gewaschen SL 28 & SL 34

Kenianischer Kaffee hat eine hohe Säure und einen leichten Körper. Man sollte den Kaffee gut extrahieren, um mehr Süße herauszuholen. Ein zu kurzer Shot bringt keine Beerentöne, sondern schmeckt mehr nach Lakritz.

Dosis: 18 g
servierfertiger Espresso: 42 ml
Extraktionszeit: 30 Sekunden
TDS: 9,5–10
Extraktion: 18,5 %

Äthiopien, gewaschen, lokale Hybride

Ein äthiopischer Kaffee ist fruchtig und leicht. Lassen Sie ihn »schwingen«, statt die fruchtigen Töne zu unterdrücken.

Dosis: 18 g
servierfertiger Espresso: 38 ml
Extraktionszeit: 27 Sekunden
TDS: 9
Extraktion: 19 %

El Salvador, gewaschener Bourbon

Einen runden Kaffee mit Schokoladenaroma können Sie hervorheben, indem Sie eine intensivere Tasse machen.

Dosis: 18 g
servierfertiger Espresso: 38 ml
Extraktionszeit: 28 Sekunden
TDS: 9
Extraktion: 18,5–19,5 %

Einstellungen

Espresso-Zubereitung ist echte Handwerkskunst. Sie müssen dabei die richtigen Einstellungen finden, keine Espressomaschine kann Ihnen diese Aufgabe abnehmen. Aber es gibt einige Hilfsmittel. Wenn Sie die Kaffeebohnen vor dem Filtern und den Kaffee danach wiegen, lässt sich leicht die Extraktion ausrechnen. Ist die Extraktion unter 18 Prozent, schmeckt der Kaffee wahrscheinlich sauer, und über 22 Prozent bitter. Wenn er eine niedrige Extraktion hat, stellen Sie die Mühle auf einen feineren Mahlgrad ein. Außerdem verlängern Sie die Kontaktzeit etwas. Ist die Extraktion zu hoch (über 22 Prozent), stellen Sie die Mühle auf einen gröberen Mahlgrad ein und wählen eine kürzere Kontaktzeit.

Geräte

Ihre Espressomaschine sollte einen Druck von 9 bar erreichen können und sowohl Temperatur als auch Druck konstant halten. Man sollte sie regelmäßig durchspülen und alle Leitungen reinigen. Dazu eignet sich ein Espressomaschinenreiniger, der reinigt, entkalkt und die Maschinen innen neutralisiert. Auch die Mahlscheiben und das Mahlwerk der Mühle müssen kontinuierlich gereinigt werden. Vergessen Sie nicht den Wasserfilter bei dem Sie die gewünschte Menge Partikel im Wasser einstellen und gleichzeitig unerwünschte Stoffe entfernen können.

Ich sehe mehr schlechte Kaffeemühlen als schlechte Espressomaschinen in Privathaushalten. Achten Sie darauf, dass die Mühle die gleichmäßig mahlt und auf den Millimeter genau eingestellt werden kann.

Milch und Espresso

Ein Barista arbeitet in erster Linie mit zwei Zutaten, Kaffee und Milch. Alle Kaffeevariationen sind eigentlich nur verschiedene Mengen dieser beiden Zutaten.

Macchiato

Im Italienischen heißt es »befleckt«, was bedeutet, dass man nur einen Fleck weiße Milch in den braunen Kaffee setzt.

Cappuccino

Das ist eines der wenigen Espressogetränke mit einem festen Maß: 150–180 Milliliter. Ein Cappuccino bekommt auch festeren Milchschaum, der mindestens 0,75 Zentimeter auf der Tasse liegen muss.

Cortado

Die spanische Espresso-Variante bedeutet »geschnitten«. Beim Cortado bestimmen Ihre Gäste selbst, wie viel Milch sie wünschen, meist wird zur Hälfte Espresso und Milch serviert.

Caffè latte

Heute bestellen viele Leute einfach einen »Latte«, was aber eigentlich nur »Milch« bedeutet. Ein Caffè latte besteht aus circa zwei Dritteln geschäumter Milch und einem Drittel Espresso.

Milch aufschäumen

Die Milch für einen Espresso sollte cremig und so seidig sein, dass man sich auf der Oberfläche spiegeln kann. An der Espressomaschine gibt es eine Dampfdüse, aus der mit hohem Druck Wasserdampf gepresst wird. Die Milch wird aufgeschäumt, indem man diesen Dampf in die Milch schlägt – genauso wie bei Schlagsahne. Dadurch wird sie cremiger und dicklich und gleichzeitig aufgewärmt. Sie darf aber nicht zu warm werden, sonst schmeckt sie breiig.

1 Entleeren Sie die Dampfdüse von Kondenswasser, indem Sie sie kurz einschalten und die Flüssigkeit durchlaufen lassen. Stellen Sie die Aufschäumkanne gerade ab und halten Sie sie am Griff fest. Mit der anderen Hand wird die Dampfdüse ein- und abgeschaltet.

2 Regel Nummer eins: Während der ersten zwei Sekunden halten Sie die Dampfdüse knapp unter die Oberfläche der kalten Milch.

3 Regel Nummer zwei: Tauchen Sie danach die Düse tief ein, damit Luft in die Milch einströmt und sie zum Schaum verwirbelt. Sollten dabei Blasen entstehen, lassen Sie die Kanne leicht kreisen.

4 Regel Nummer drei: Wenn der Milchschaum die gewünschte Konsistenz hat, ziehen Sie die Dampfdüse wieder bis unter die Milchoberfläche und lassen Sie die Kanne kreisen. Lassen Sie die Milch noch zirkulieren und wärmen Sie sie so auf ungefähr 63 °C auf.

Einfach oder doppelt

Die Rezepte basieren immer auf einem einfachen Espresso. Wenn Sie aber einen doppelten wünschen, dann muss die Gesamtkaffeemenge mehr werden, während die Milchmenge gleichbleibt. Die Bezeichnungen »einfach« und »doppelt« beziehen sich nur auf die Kaffeemenge, nicht auf das gesamte Getränk.

Alternativen zu Kuhmilch

Wer nach einer Alternative zur Kuhmilch sucht, dem empfehle ich meine Lieblingsmischung aus 65 Prozent Cashewkernen, 25 Prozent Mandeln und 10 Prozent Datteln. Die Datteln verleihen der Nussmilch einen süßlicheren, cremigen Geschmack.

EL. MOTOR WITH
THERM. PROTECT.
PATENTED

VETEK
18.0
OHAUS

Espresso

SIE BENÖTIGEN
Timer
wasserdichte Waage
Espressomühle
Espressomaschine
Tamper
Milchaufschäumkanne

ZUSÄTZLICH
Distributeur
Puqpress
Refraktometer

ZUTATEN
18 g Kaffeebohnen aus beliebigem Ursprungsland und mit beliebigem Röstgrad
38 ml frisches Wasser (93 °C)

Ein Espresso wird nur auf Bestellung hergestellt, das dauert circa 45 Sekunden. Die Feinabstimmungen beim Espresso sind oft winzig und der Unterschied zwischen einer sauren und einer bitteren Tasse kann bei nur 10 Sekunden oder ein paar Gramm Kaffee liegen. Bevor Sie Ihren Espresso zubereiten, studieren Sie die Verpackung des Kaffees – welche Geschmacksrichtungen kann man aus ihm gewinnen? Die Kaffeeröster geben auch häufig an, welche Zubereitung am besten passt, wie hoch die Wassertemperatur sein muss, welche Menge des gemahlenen Kaffees wie viel Gramm fertigen Espresso ergeben und wie viele Sekunden die Kontaktzeit dauern sollte sowie wie viel Prozent der Kaffeebohnen extrahiert werden.

1. Zuerst den Siebträger samt Einsatz trocknen. Für eine gleichmäßige Zubereitung sollte er zwischen den Anwendungen warm gehalten werden, indem man ihn in der Maschine einsetzt. Vor der Zubereitung nimmt man ihn heraus und trocknet ihn sorgfältig ab. Durch einen nassen Siebträger rinnt nämlich sonst Wasser in die Tasse, das mit dem Kaffee nicht in Berührung kam.
2. Die passende Kaffeemenge mahlen und nochmals abwiegen. Das Gewicht des gemahlenen Kaffees im Verhältnis zum Gewicht des fertigen Espressos ist die »Brühmenge«. Mehr über die Berechnung auf der nächsten Seite.
3. Den Kaffee gleichmäßig im Siebträger verteilen. Wenn sich auf der einen Seite mehr Kaffee befindet, läuft dort auch mehr Wasser durch und der Espresso wird ungleichmäßig extrahiert. Dies können Sie mit einem Distributeur oder von Hand justieren.
4. Den Kaffee fest andrücken (»tampen«). Ist er schief getampt, läuft das Wasser dort hindurch, wo der Druck am niedrigsten ist. Eine Faustregel dafür, wie fest man ihn andrücken soll, lautet: So fest andrücken, dass nichts herausfällt, wenn Sie den Siebträger nach unten drehen.

5 Viele Maschinen für den Hausgebrauch halten die Temperatur an der Siebträgeraufnahme nicht so gut, sodass der Espresso bei zu niedriger Temperatur durchläuft. Spülen Sie die Siebträgeraufnahme deshalb unmittelbar vor Gebrauch mit heißem Wasser durch, dabei reichen zwei Sekunden. Dann sofort den Siebträger samt Einsatz mit dem gemahlenen Kaffee einsetzen.

6 Nun beginnt das Aufbrühen. Dabei wird mit einem Timer die Brühzeit gemessen. Ein Kaffee mit heller bis mittlerer Röstung benötigt mindestens 25 Sekunden Brühzeit, damit er aromatisch süß wird.

7 Die Espressotasse auf einer Waage auswiegen. Sie haben nun circa fünf Sekunden Zeit, bis das Aufbrühen startet. Messen Sie, wie viel Kaffee genau in die Tasse läuft.

8 Haben Sie eine Brühmenge von 18 g Kaffeebohnen zu 38 ml fertigem Kaffee ausgerechnet, dann stoppen Sie den Kaffee, wenn die Waage 38 ml anzeigt. Kontrollieren Sie den Timer, notieren Sie die Brühzeit und probieren Sie den Kaffee. Wenn Sie die Möglichkeit haben, messen Sie auch die Stärke des Kaffees mit einem Refraktometer. Eine wünschenswerte Brühzeit für einen Kaffee von heller bis mittlerer Röstung liegt allgemein bei 25–32 Sekunden, aber Ihr Geschmack ist entscheidend.

9 Wenn Sie einen Espresso servieren, sollten Sie stolz darauf sein. Erzählen Sie nicht Ihren Gästen, dass er vielleicht besser zwei Sekunden länger gebraucht hätte. Seien Sie stolz und Ihre Gäste werden überzeugt sein, etwas besonders Gutes bekommen zu haben.

Eine kleine Übersicht:

- ✔ Die Temperatur sollte ungefähr 93 °C betragen.
- ✔ Der Druck sollte bei 9 bar liegen.
- ✔ Die Brühzeit sollte ungefähr 30 Sekunden betragen.
- ✔ Die Dosierung sollte etwa 18 Gramm Kaffee sein.

Espresso Tonic

ZUTATEN
1 einfacher Espresso (Rezept siehe Seite 149)
1 Zitronenscheibe
150 ml Tonicwater
Eiswürfel

Ein Espresso Tonic ist leicht bitter, aber sehr erfrischend. Kein Kaffeegetränk löscht besser den Durst an einem heißen Sommertag. Espresso und Tonicwater passen mit ihren Bitteraromen gut zusammen: Beim Tonicwater stammen sie aus dem Chinin, beim Espresso aus dem Koffein und anderen Geschmacksstoffen im Kaffee. Am besten schmeckt ein Espresso Tonic aus säuerlichen, frischen Kaffeesorten. Einer meiner Favoriten dazu ist ein kenianischer Kaffee, den ich mit einem Blatt von schwarzen Johannisbeeren und einer Scheibe Zitrone serviere.

1 Einen Espresso zubereiten (siehe Seite 149).
2 Espresso mit ein paar Eiswürfeln im Shaker durchschütteln, um ihn abzukühlen.
3 Ein paar Eiswürfel und je nach Geschmack eine Zitronenscheibe in ein Glas legen.
4. Mit Tonicwater fast bis zum Glasrand auffüllen.
5. Zum Schluss den Espresso über den Drink gießen.

REGISTER

Impressum

Für die deutsche Ausgabe:
Übersetzung aus dem Schwedischen: Marie-Luise Schwarz
Lektorat: Dr. Katrin Korch, www.literatur-und-mehr.de
Produktmanagement: Sandra Aichele, Lina Kirch
Covergestaltung: Sandra Preinl
Satz: Ortrud Müller, Die Buchmacher, Köln
Druck und Bindung: Livonia Print SIA, Lettland

Für die schwedische Originalausgabe, die 2019 unter dem Titel »Manifest För Bättre Kaffe« bei Natur&Kultur erschien:
Autorin: © Joanna Alm
Fotos: Christian Gustavsson
Layout: Jonas Cramby
Redaktion: Maria Nilsson und Jonas Cramby

1. Auflage 2020

ISBN: 978-3-7724-7279-4
Best.-Nr. 7279